초등영어 쓰기독립

문장 쓰기 2
Sentence Pattern

2 단계

재능많은
영어연구소
지음

휴먼
어린이

초등영어 쓰기독립 2단계
"33일만 따라 하면 문장쓰기가 된다!"

문장 쓰기 2 구성

 단어의 순서, 문장 뼈대를 이해하고 쓰기

앞서 문법의 규칙과 패턴을 배워 문장을 이해하여 기초 문장을 썼다면 이제 문장을 더 확장할 수 있게 의미 중심으로 쓰는 훈련이 필요합니다. 단어의 자리가 바뀌면 의미가 달라지기 때문입니다. 의미순으로 단어들을 변화시키고 배열할 수 있어야 진짜 문장 쓰기가 가능합니다.

 동사 중심의 문장을 이해하고 쓰기

문장 뼈대의 중심은 동사이고 동사 다음에 오는 단어를 덩어리로 조합하여 한눈에 문장 구조를 알 수 있게 구성되었습니다. <누가(주어)+하다(동사)+무엇을/누구를(목적어)> 등의 문장 뼈대를 만드는 어순을 통해 의미 중심의 문장 쓰기를 할 수 있습니다.

3단계의 문장 쓰기에서 두 가지 긴 글 쓰기까지

<1단계 문장 어순 → 2단계 단어 조합하고 어순에 따라 문장 쓰기 →3단계 비교하며 두 가지 글 쓰기>로 쓰기를 훈련할 수 있습니다. 문장 쓰기가 자연스럽게 두 가지 긴 글 쓰기로 이어집니다.

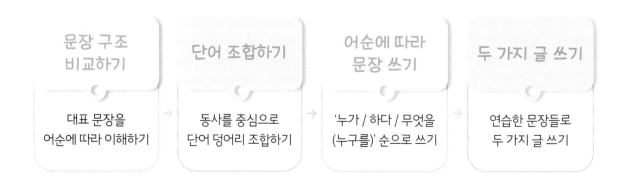

문장 구조 비교하기	단어 조합하기	어순에 따라 문장 쓰기	두 가지 글 쓰기
대표 문장을 어순에 따라 이해하기	동사를 중심으로 단어 덩어리 조합하기	'누가 / 하다 / 무엇을 (누구를)' 순으로 쓰기	연습한 문장들로 두 가지 글 쓰기

이렇게 만들었어요!

 매일매일 쓰기독립! 자연스럽게 이루어지는 학습계획

부담 없는 하루 학습량과 명확하고 목표에 맞는 학습 계획으로 즐거운 집중이 이루어져 즉각적으로 문장을 쓸 수 있어요.

초등영어 쓰기독립 2단계 – 문장 쓰기 1, 2					
학습일		1권	학습일		2권
1일	1	Unit 01	1일	1	Unit 01
2일		Unit 02	2일		Unit 02 / **Review**
3일		Unit 03	3일		Unit 03
4일		Unit 04	4일		Unit 04 / **Review**
		Review			
5일	2	Unit 05	5일	2	Unit 05
6일		Unit 06	6일		Unit 06 / **Review**
7일		Unit 07	7일		Unit 07
8일		Unit 08	8일		Unit 08 / **Review**
		Review			
9일	3	Unit 09	9일	3	Unit 09
10일		Unit 10	10일		Unit 10 / **Review**
11일		Unit 11	11일		Unit 11
		Review	12일		Unit 12 / **Review**
12일	4	Unit 12	13일	4	Unit 13
13일		Unit 13	14일		Unit 14 / **Review**
14일		Unit 14	15일		Unit 15
		Review	16일		Unit 16 / **Review**
15일	5	Unit 15			
16일		Unit 16			
17일		Unit 17			
		Review			

초등영어 쓰기독립 2단계

문장 쓰기 2 특징

1 문장 어순 이해하기

〈주어→동사→목적어/보어〉 순으로 단어들이 배열된다는 것을 표로 한눈에 정리할 수 있습니다. 어려운 문장 형식이 아니라 의미 중심으로 어순을 배우고 바로 유사한 문장으로 어순을 훈련할 수 있습니다.

문장을 비교하여 차이점을 통해 손쉽게 문장의 어순을 배울 수 있어요.

2 단어 조합하여 문장 어순에 맞게 쓰기

동사를 중심으로 초등 교과에서 자주 쓰는 단어 조합을 따라 쓰고 의미순에 따라 단어들을 배열하다 보면 영어 문장에 대한 이해가 깊어집니다.

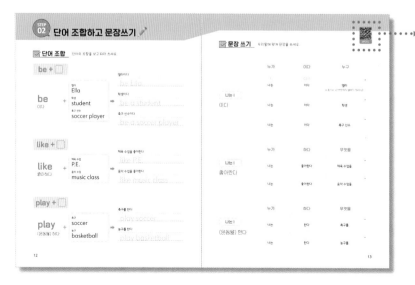

QR코드를 찍으면 오늘 배운 내용을 원어민의 정확한 발음으로 들을 수 있어요!

이렇게 배워요!

3 비교하며 문장 쓰기

단어 조합하기와 문장 순서를 배운 후에 주어진 단어에 맞게 주제별 글쓰기를 할 수 있습니다. 이때 다른 단어 조합을 통해 두 가지 글쓰기가 가능합니다.

스스로 자신의 글을 쓸 수 있어 좋아요.

4 총정리 - 누적 반복 훈련

대표 문장의 의미별 순서를 참고하여 주어진 단어들을 조합하여 각 유닛을 복습할 수 있습니다.
그리고 4개 유닛별로 단어들을 정리한 부분도 함께 공부할 수 있습니다.

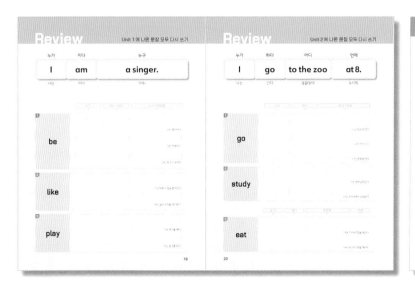

초등영어
3단계만 따라 하면
쓰기독립이 된다!

하루 15분

1단계
기초 문법

영문법 스타터 1, 2

2단계
문장 쓰기

문장쓰기 1, 2

3단계
긴 글 쓰기

글쓰기 스타터

1단계 영문법 스타터 1, 2 42일만 따라 하면 문법이 보인다

기초 문법

문법 규칙 1
명사·대명사·동사

문법 규칙 2
명사·형용사·부사
동사·의문사

문법 규칙: 품사 1

규칙 변화

규칙으로 문장 조립

문장 쓰기

1단계 문법 이해하고 문장 쓰기

기초 문법으로 문장 쓰기!
초등 영문법 학습

문법 규칙: 품사 2

규칙 변화와 확장

규칙으로 문장 조립

문장 쓰기

1단계 문법 이해하고 문장 쓰기

2단계 | 문장 쓰기 1, 2

33일만 따라 하면 문장 쓰기가 된다

문장 쓰기

문장 연습 1
문장 패턴

문장 연습 2
문장 구조

문장 패턴

주제 단어

문장 쓰기

짧은 글 바꿔 쓰기

2단계 초등 문장 패턴 익히기

문장 구조

동사·자주 쓰는 단어

문장 쓰기

짧은 글 바꿔 쓰기

2단계 문장 구조 이해하고 쓰기

한 문장에서 짧은 글쓰기까지!
필수 문장 패턴과 문장 구조로 쓰기

3단계 | 글쓰기 스타터

20일만 따라 하면 긴 글 쓰기가 된다

긴 글 쓰기

쓰기 첫 독립
주제별 글쓰기

주제별 글 읽기

핵심 문장 파악

문장 바꿔 쓰기

자기 글쓰기

3단계 스스로 글쓰기 도전!

이제 긴 글도 혼자서 척척!
초등 3, 4학년 주제 글쓰기

초등영어 쓰기독립 2단계
문장 쓰기 2

PART
1

나의 소개

STEP
01

문장 특징 ✏️

누가	이다	누구
I	**am**	**a student.**
나는	이다	학생.

I am a singer.	vs	**I sing a song.**
나는 가수이다.		나는 노래를 부른다.

be동사는 '~이다'라는 의미로 일반동사 '~하다'와 구별하여 문장을 써야 해요.

☐ I **am** a singer.

누가	이다	누구
I	**am**	**a singer.**
나는	이다	가수.

☐ I **sing** a song.

누가	하다	무엇을
I	**sing**	**a song.**
나는	부른다	노래를.

단어 조합하고 문장쓰기

 **단어 조합** 단어의 조합을 보고 따라 쓰세요.

be + □

be
이다
+

엘라
Ella

학생
student

축구 선수
soccer player

➡

엘라이다
be Ella

학생이다
be a student

축구 선수이다
be a soccer player

like + □

like
좋아하다
+

체육 수업
P.E.

음악 수업
music class

➡

체육 수업을 좋아한다
like P.E.

음악 수업을 좋아한다
like music class

play + □

play
(운동을) 하다
+

축구
soccer

농구
basketball

➡

축구를 한다
play soccer

농구를 한다
play basketball

☑ 문장 쓰기   우리말에 맞게 문장을 쓰세요.

	누가	이다	누구
	I	am	엘라.
	나는	이다	be동사는 주어에 따라 형태가 바뀌어요!
나는 I 이다			학생.
	나는	이다	
			축구 선수.
	나는	이다	

	누가	하다	무엇을
나는 I 좋아한다			체육 수업을.
	나는	좋아한다	
			음악 수업을.
	나는	좋아한다	

	누가	하다	무엇을
나는 I (운동을) 한다			축구를.
	나는	한다	
			농구를.
	나는	한다	

13

비교하며 문장쓰기 ✏️

주어진 조건을 보고 알맞은 말을 골라 쓰세요.

Hello, everyone.

I am
Ella / Matt

I am
a student / a soccer player

I like
P.E. / music class

I play
soccer / basketball

이름	엘라
신분	축구 선수
수업	체육 수업
운동	축구

스스로 전체 써 보기

윗글을 참조하여 전체 글을 써 보세요.

Hello, everyone.

I am
내 이름은 매트이다.

I
나는 학생이다.

나는 음악 수업을 좋아한다.

나는 농구를 한다.

이름	매트
신분	학생
수업	음악 수업
운동	농구

14

나의 하루

문장 특징 ✏️

누가	하다	어디	언제
I	**go**	**to school**	**at 8.**
나는	간다	학교에	8시에.

I go to the zoo. vs **I eat lunch at 12.**

나는 동물원에 간다.　　　　　나는 12시에 점심을 먹는다.

기본 문장에 어디(장소, 위치)와 언제를 써서 의미를 구체적으로 표현해요.

☐ I go **to the zoo.**

누가	하다	어디
I	**go**	**to the zoo.**
나는	간다	동물원에.

☐ I eat lunch **at 12.**

누가	하다	무엇을	언제
I	**eat**	**lunch**	**at 12.**
나는	먹는다	점심을	12시에.

15

☑️ 단어 조합 단어의 조합을 보고 따라 쓰세요.

go + ☐

go
가다

+

학교
school

침대
bed

공원
park

➡️

학교에 간다
go to school

침대에 간다(자러 간다)
go to bed

공원에 간다
go to the park

eat + ☐

eat
먹다

+

아침(밥)
breakfast

저녁(밥)
dinner

➡️

아침을 먹는다
eat breakfast

저녁을 먹는다
eat dinner

study + ☐

study
공부하다

+

밤
night

도서관
library

➡️

밤에 공부한다
study at night

도서관에서 공부한다
study in the library

☑️ 문장 쓰기   우리말에 맞게 문장을 쓰세요.

	누가	하다	어디
	I	go	to school .
	나는	간다	학교에.

나는 I
간다

	누가	하다	어디
			.
	나는	간다	침대에.
			.
	나는	간다	도서관에.

	누가	하다	무엇을	언제
				at 7 .
	나는	먹는다	아침을	7시에.

나는 I
먹는다

	누가	하다	무엇을	언제
				.
	나는	먹는다	저녁을	6시에.

<at + 숫자>로 시간을 나타내요!

	누가	하다	언제 / 어디
			.
	나는	공부한다	밤에.

나는 I
공부한다

	누가	하다	언제 / 어디
			.
	나는	공부한다	도서관에서.

주어진 조건을 보고 알맞은 말을 골라 쓰세요.

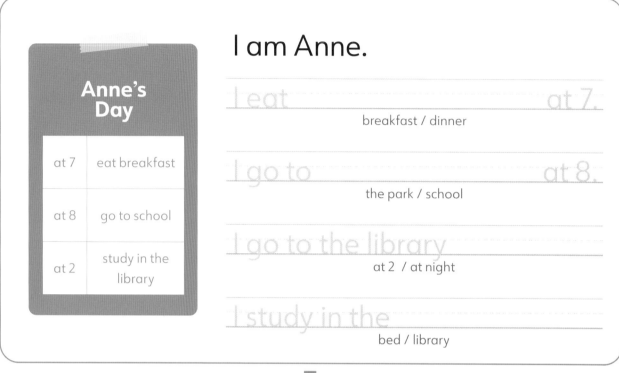

I am Anne.

Anne's Day	
at 7	eat breakfast
at 8	go to school
at 2	study in the library

I eat ____ at 7.
breakfast / dinner

I go to ____ at 8.
the park / school

I go to the library
at 2 / at night

I study in the
bed / library

스스로 전체 써 보기

윗글을 참조하여 전체 글을 써 보세요.

I am Jack.

Jack's Day	
at 3	go to the park
at 6	eat dinner
at 8	study English
at 10	go to bed

I go
나는 3시에 공원에 간다.

I
나는 6시에 저녁을 먹는다.

나는 8시에 영어 공부를 한다.

나는 10시에 잔다.

누가	이다	누구
I	**am**	**a singer.**
나는	이다	가수.

	누가	이다 / 하다	누구 / 무엇을
1 **be**			
			나는 엘라이다.
			나는 학생이다.
			나는 축구 선수이다.
2 **like**			
			나는 체육 수업을 좋아한다.
			나는 음악 수업을 좋아한다.
3 **play**			
			나는 축구를 한다.
			나는 농구를 한다.

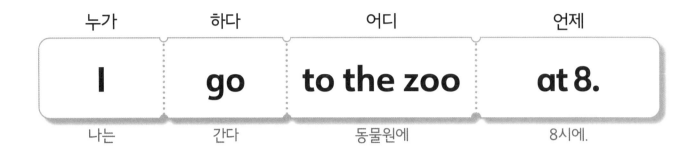

누가	하다	어디	언제
I	**go**	**to the zoo**	**at 8.**
나는	간다	동물원에	8시에.

누가	하다	어디 / 언제

1

go

나는 학교에 간다.

나는 자러 간다.

나는 공원에 간다.

2

study

나는 밤에 공부한다.

나는 도서관에서 공부한다.

누가	하다	무엇을	언제

3

eat

나는 7시에 아침을 먹는다.

나는 6시에 저녁을 먹는다.

누가	하다	언제
He	**gets up**	**early.**
그는	일어난다	일찍.

I bake cookies.	vs	**He bakes cookies.**
나는 쿠키를 굽는다.		그는 쿠키를 굽는다.

He, She일 때는 likes, eats처럼 <동사 + (e)s>로 써요.

I bake cookies.

누가	하다	무엇을
I	bake	cookies.
나는	굽는다	쿠키를.

He bakes cookies.

누가	하다	무엇을
He	bakes	cookies.
그는	굽는다	쿠키를.

21

✓ 단어 조합   단어의 조합을 보고 따라 쓰세요.

get up + ☐

get up+ 일어나다

일찍 early
늦게 late

➡

일찍 일어나다

~~get up early~~

늦게 일어나다

~~get up late~~

wash + ☐

wash 씻다 +

얼굴 face
차 car
옷 clothes

➡

그녀의 얼굴을 씻다

~~wash her face~~

세차하다

~~wash a car~~

옷을 세탁하다

~~wash clothes~~

cook + ☐

cook 요리하다 +

음식 food
식사 meal

➡

음식을 요리하다

~~cook food~~

식사를 요리하다

~~cook a meal~~

☑️ 문장 쓰기   우리말에 맞게 문장을 쓰세요.

누가	하다	언제
He	gets up	early .
그는	일어난다	일찍.
		.
그는	일어난다	늦게.

그는 He
일어난다

He일 때는 <동사 + -s>로 써야 해요.

누가	하다	무엇을
She		.
그녀는	씻는다	그녀의 얼굴을.
		.
그녀는	씻는다	차를.
		.
그녀는	세탁한다	옷을.

그녀는 She
씻는다

동사 wash는 He, She일 때 washes로 써야 해요.

누가	하다	무엇을
He		.
그는	요리한다	음식을.
		.
그는	요리한다	식사를.

그는 He
요리한다

주어진 조건을 보고 알맞은 말을 골라 쓰세요.

This is Anne's weekend.

Anne's Weekend	
at 7	get up
at 8	wash her face
at 5	cook food
at 10	go to bed

She _____ at 7.
get up / gets up

She _____ her face at 8.
wash / washes

She _____ food at 5.
cook / cooks

She _____ to bed at 10.
go / goes

스스로 전체 써 보기

윗글을 참조하여 전체 글을 써 보세요.

This is Jack's weekend.

Jack's Weekend	
at 9	get up
at 12	cook a meal
at 4	wash a car
at 10	go to bed

He _____ at 9.
그는 9시에 일어난다.

He _____
그는 12시에 식사를 요리한다.

_____
그는 4시에 세차를 한다.

_____
그는 10시에 잠을 잔다.

문장 특징 ✏️

누가	하다	(어떤) 무엇을	
It	**has**	**small**	**ears.**
그것은	가지고 있다	작은	귀를.

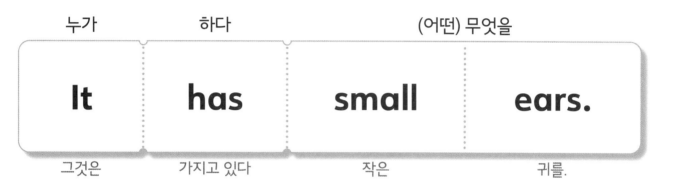

It is small. VS **It has small eyes.**

그것은 작다. 그것은 작은 눈을 가지고 있다.

'작은, 큰'처럼 be동사나 명사와 함께 쓰이는 형용사는 < be + 형용사>, <형용사 + 명사>로 써야 해요.

It is small.			It has small eyes.			
누가	(이)다	어떠한	누가	하다	(어떤) 무엇을	
It	**is**	**small.**	**It**	**has**	**small**	**eyes.**
그것은	(이)다	작은.	그것은	가지고 있다	작은	눈을.

단어 조합하고 문장쓰기

☑ 단어 조합   단어의 조합을 보고 따라 쓰세요.

grow + ⬚

grow
재배하다, 자라다

\+
신선한
fresh

빨간
red

→

신선한 사과를 재배하다
grow fresh apples

빨간 토마토를 재배하다
grow red tomatoes

have + ⬚

have
가지고 있다

\+
긴
long

짧은
short

둥근
round

→

긴 다리를 가지고 있다
have long legs

짧은 귀를 가지고 있다
have short ears

둥근 눈을 가지고 있다
have round eyes

live + ⬚

live
살다

\+
작은
small

큰
big

→

작은 집에 산다
live in a small house

큰 농장에 산다
live on a big farm

☑ **문장 쓰기** 우리말에 맞게 문장을 쓰세요.

누가	하다	무엇을	
He	grows	fresh	apples .
그는	재배한다	신선한	사과를.
			.
그는	재배한다	빨간	토마토를.

그는 He
재배한다

누가	하다	무엇을	
It			.
그것은	가지고 있다	긴	다리를.

He, She, It일 때 have는 has로 바꿔 써요.

			.
그것은	가지고 있다	짧은	귀를.
			.
그것은	가지고 있다	둥근	눈을.

그것은 It
가지고 있다

누가	하다	무엇을	
They		in a	.
그것들은	산다	작은	집에.
		on a	.
그것들은	산다	큰	농장에.

그것들은 They
산다

사방이 트인 곳을 말할 때는 on을 써요.

비교하며 문장쓰기 ✏️

주어진 조건을 보고 알맞은 말을 골라 쓰세요.

Anne is a farmer.

She grows

fresh apples / apples fresh

She has two rabbits.

They have

ears long / long ears

They live in a

small house / house small

⬇️

스스로 전체 써 보기

윗글을 참조하여 전체 글을 써 보세요.

Jack is a farmer.

He

그는 빨간 토마토를 재배한다.

He has three horses.

그는 말 세 마리가 있다.

They

그것들은 긴 다리를 가지고 있다.

그것들은 큰 농장에서 산다.

28

Review

누가	하다	무엇을
He	**bakes**	**cookies.**
그는	굽는다	쿠키를.

	누가	하다	무엇을 / 언제
1 get up			
			그는 일찍 일어난다.
			그는 늦게 일어난다.
2 wash			
			그녀는 그녀의 얼굴을 씻는다.
			그녀는 차를 씻는다(세차한다).
			그녀는 옷을 씻는다(세탁한다).
3 cook			
			그는 음식을 요리한다.
			그는 식사를 요리한다.

누가	하다	(어떤) 무엇을	
It	**has**	**small**	**ears.**
그것은	가지고 있다	작은	귀를.

	누가	하다	(어떤) 무엇을

1

grow

그는 신선한 사과를 재배한다.

그는 빨간 토마토를 재배한다.

2

have

그것은 긴 다리를 가지고 있다.

그것은 짧은 귀를 가지고 있다.

그것은 둥근 눈을 가지고 있다.

3

live

그것들은 작은 집에 산다.

그것들은 큰 농장에 산다.

다음 영단어의 우리말 또는 우리말에 맞는 영단어를 쓰세요.

	영단어	우리말		영단어	우리말
1	like	좋아하다	15	late	늦게
2		학생	16	early	
3	soccer player		17	face	
4	P.E.		18	car	
5		음악 수업	19		옷
6		축구	20		음식
7		농구	21	meal	
8	school		22	fresh	
9		침대	23	red	
10		공원	24		긴
11	breakfast		25		짧은
12		저녁(밥)	26		둥근
13	night		27	big	
14	library		28	small	

PART
2

반려동물

STEP 01 문장 특징 ✏️

누가	있다	어디에
It	**is**	**on the bag.**
그것은	있다	가방 위에.

It is a box.	vs	**It is in the box.**
그것은 상자이다.		그것은 상자에 있다.

be동사는 '~이다, ~(하)다'라는 의미와 '~있다'라는 의미로 쓰여요. '~있다'일 때는 be동사 다음에 '어디에'라는 말을 써야 해요.

in + 장소: ~안에　　　on + 장소: ~위에　　　under + 장소: ~아래에

⌐ It is a box.

누가	이다	무엇
It	**is**	**a box.**
그것은	이다	상자.

⌐ It is in the box.

누가	있다	어디에
It	**is**	**in the box.**
그것은	있다	상자 안에.

단어 조합하고 문장쓰기

☑ 단어 조합 단어의 조합을 보고 따라 쓰세요.

be + ☐

be
있다

+

바구니
basket

의자
chair

탁자
table

➡

바구니 안에 있다
be in the basket

의자 위에 있다
be on the chair

탁자 아래에 있다
be under the table

be + ☐

be
(하)다

+

빠른
fast

느린
slow

➡

빠르다
be fast

느리다
be slow

play + ☐

play
놀다

+

인형
doll

공
ball

➡

인형과 놀다
play with a doll

공과 놀다
play with a ball

34

✓ 문장 쓰기 우리말에 맞게 문장을 쓰세요.

	누가	있다	어디에
	It	is	in the basket .
	그것은	있다	바구니 안에.

그것은 It

있다

	누가	있다	어디에
			.
	그것은	있다	의자 위에.
			.
	그것은	있다	탁자 아래에.

be동사 다음에 in, on, under를 써서 위치를 나타내요.

	누가	(하)다	어떠한
	It		.
	그것은	(하)다	빠른.

그것은 It

(하)다

	누가	(하)다	어떠한
			.
	그것은	(하)다	느린.

	누가	하다	무엇과 (함께)
	It		.
	그것은	논다	인형과.

그것은 It

논다

	누가	하다	무엇과 (함께)
			.
	그것은	논다	공과.

주어진 조건을 보고 알맞은 말을 골라 쓰세요.

There is something.

Oh, it _____ a cat.
is / is in

It _____ the basket.
is / is in

It _____ with a ball.
plays / is in

It _____ fast.
is / is in

⬇️

스스로 전체 써 보기

윗글을 참조하여 전체 글을 써 보세요.

There is something.

Oh, it _____ a dog.
오, 그것은 강아지이다.

It _____ the sofa.
그것은 소파 위에 있다.

_____
그것은 인형과 놀고 있다.

_____ cute.
그것은 귀엽다.

36

집 안과 방 안

문장 특징

있다	무엇이	어디에
There is	**a bed**	**in my room.**
있다	침대가	내 방에.

There is a box.	VS	**There are boxes.**
상자가 있다.		상자들이 있다.

There is/are~는 '~있다'라는 의미로, 그다음에 오는 것이 하나이면 There is, 둘 이상이면 There are를 써야 해요.

There is a box.

있다	무엇이(하나)
There is	**a box.**
있다	상자가.

There are boxes.

있다	무엇이(둘 이상)
There are	**boxes.**
있다	상자들이.

단어 조합하고 문장쓰기

☑ 단어 조합 단어의 조합을 보고 따라 쓰세요.

There is + ☐

There is
~있다

+

소파
sofa

욕조
tub

거울
mirror

➡

소파가 있다.
There is a sofa.

욕조가 있다.
There is a tub.

거울이 있다.
There is a mirror.

There are + ☐

There are
~있다

+

침실
bedroom

욕실
bathroom

➡

두 개의 침실이 있다.
There are two bedrooms.

두 개의 욕실이 있다.
There are two bathrooms.

have + ☐

have
(가지고) 있다

+

부엌
kitchen

거실
living room

➡

부엌이 있다
have a kitchen

거실이 있다
have a living room

☑ 문장 쓰기 우리말에 맞게 문장을 쓰세요.

	있다	무엇이	어디에
	There is	a sofa	in my house .
	있다	소파가	내 집에.

있다 There is

~있다

	있다	무엇이	어디에
			.
	있다	욕조가	내 집에.
			.
	있다	거울이	내 집에.

in the living room, in the bathroom처럼 in을 써서 '~에'라고 말해요.

	있다	무엇이	어디에
	There are	two	in my house .
	있다	두 개의 침실이	내 집에.

있다 There are

~있다

		two	
	있다	두 개의 욕실이	내 집에.
			.

	누가	하다	무엇을
	It		.
	그것은	(가지고) 있다	부엌이.

그것은 It

(가지고) 있다

	누가	하다	무엇을
			.
	그것은	(가지고) 있다	거실이.

QR코드

주어진 조건을 보고 알맞은 말을 골라 쓰세요.

There _____ two bedrooms.
is / are

They _____ a bed in each one.
are / have

There _____
is a sofa / are a sofa

in the living room.

My house _____ a beautiful garden.
is / has

스스로 전체 써 보기

윗글을 참조하여 전체 글을 써 보세요.

There _____
부엌이 있다.

It _____
그것은 식탁이 있다.

There _____
욕실에 거울이 있다.

in the bathroom.

It _____
그것은 욕조가 있다.

누가	있다	어디에
It	**is**	**in the bag.**
그것은	있다	가방에.

	누가	있다/하다	어디에/무엇으로

1

be

그것은 바구니 안에 있다.

그것은 의자 위에 있다.

그것은 식탁 아래에 있다.

2

play

그것은 인형과 논다.

그것은 공과 논다.

	누가	(하)다	어떠한

3

be

그것은 빠르다.

그것은 느리다.

있다	무엇이	어디에
There is	**a bed**	**in my room.**
있다	침대가	내 방에.

	있다	무엇이	어디에

1

There is

		내 집에 소파가 있다.
		내 집에 욕조가 있다.
		내 집에 거울이 있다.

2

There are

		내 집에 두 개의 침실이 있다.
		내 집에 두 개의 욕실이 있다.

누가	하다	무엇을

3

have

		그것은 부엌이 있다.
		그것은 거실이 있다.

좋아하는 것

문장 특징

누가	하다	무엇을
He	**likes**	**to swim.**
그는	좋아한다	수영하는 것을.

He likes books.	VS	**He likes to read books.**
그는 책을 좋아한다.		그는 책 읽는 것을 좋아한다.

문장에서 '무엇을' 뜻하는 곳에는 명사나 <to + 동사>를 쓸 수 있어요.

⌐ He likes **books.**

누가	하다	무엇을
He	**likes**	**books.**
그는	좋아한다	책을.

⌐ He likes **to read books.**

누가	하다	무엇을
He	**likes**	**to read books.**
그는	좋아한다	책 읽는 것을.

☑ 단어 조합 단어의 조합을 보고 따라 쓰세요.

make + □

make + 쿠키 **cookie**
만들다   샌드위치 **sandwich**

➡ 쿠키를 만들다
make cookies

샌드위치를 만들다
make sandwiches

go + □

go + 캠핑하러 **camping**
가다   쇼핑하러 **shopping**
       낚시하러 **fishing**

➡ 캠핑하러 가다
go camping

쇼핑하러 가다
go shopping

낚시하러 가다
go fishing

watch + □

watch + TV **TV**
보다   영화 **movie**

➡ TV를 보다
watch TV

영화를 보다
watch movies

44

☑️ 문장 쓰기 우리말에 맞게 문장을 쓰세요.

	누가	하다	무엇을
나는 I	I	like	to make cookies .
좋아한다	나는	좋아한다	쿠키 만드는 것을.
			.
	나는	좋아한다	샌드위치 만드는 것을.

	누가	하다	무엇을
	He	likes	.
	그는	좋아한다	캠핑하러 가는 것을.
그는 He			.
좋아한다	그는	좋아한다	쇼핑하러 가는 것을.
			.
	그는	좋아한다	낚시하러 가는 것을.

	누가	하다	무엇을
	She		.
그녀는 She	그녀는	좋아한다	TV 보는 것을.
좋아한다			.
	그녀는	좋아한다	영화 보는 것을.

45

주어진 조건을 보고 알맞은 말을 골라 쓰세요.

Camping is fun.

I like _____
go camping / to go camping

I like _____
fishing / to go fishing

I like _____
go outside / to go outside

I sometimes _____
like watch TV / like to watch TV

⬇️

스스로 전체 써 보기

윗글을 참조하여 전체 글을 써 보세요.

Matt likes cookies.

He _____
그는 쿠키 만드는 것을 좋아한다.

He _____
그는 샌드위치를 좋아한다.

He _____
그는 샌드위치 만드는 것을 좋아한다.

He sometimes _____
그는 가끔 영화 보는 것을 좋아한다.

46

하고 있는 일

STEP 01 문장 특징 ✏️

누가	하고 있다	무엇을
She	**is reading**	**a book.**
그녀는	읽고 있다	책을.

I swim fast.	VS	**I am swimming fast.**
나는 빠르게 수영한다.		나는 빠르게 수영하고 있다.

'~하고 있다'라고 지금 하고 있는 일을 말할 때 <am, are, is + -ing>로 써야 해요.

⌐ I swim fast.

누가	하다	어떻게
I	**swim**	**fast.**
나는	수영하다	빠르게.

⌐ I am swimming fast.

누가	하고 있다	어떻게
I	**am swimming**	**fast.**
나는	수영하고 있다	빠르게.

47

 **단어 조합** 단어의 조합을 보고 따라 쓰세요.

do + ☐

do
하다

+

그릇
dish

세탁
laundry

➡

설거지를 하다 (그릇을 씻다)
do the dishes

세탁하다
do the laundry

clean + ☐

clean
청소하다

+

집
house

방
room

바닥
floor

➡

집을 청소하다
clean the house

방을 청소하다
clean the room

바닥을 청소하다
clean the floor

help + ☐

help
돕다

+

식탁을 차리다
set the table

침대를 정리하다
make the bed

➡

식탁을 차리는 것을 돕다
help to set the table

침대를 정리하는 것을 돕다
help to make the bed

☑ 문장 쓰기   우리말에 맞게 문장을 쓰세요.

그는 He
하고 있다

누가	하고 있다	무엇을
He	is doing	the dishes .
그는	하고 있다	설거지를.
		.
그는	하고 있다	세탁을.

그녀는 She
청소하고 있다

누가	하고 있다	무엇을
She		.
그녀는	청소하고 있다	집을.
		.
그녀는	청소하고 있다	방을.
		.
그녀는	청소하고 있다	바닥을.

그들은 They
돕고 있다

누가	하고 있다	무엇을
They		.
그들은	돕고 있다	식탁 차리는 것을.
		.
그들은	돕고 있다	침대 정리하는 것을

주어진 조건을 보고 알맞은 말을 골라 쓰세요.

Anne is in the kitchen.

She is _____
do the dishes / doing the dishes

Mom is in the room.

She is _____
clean the floor / cleaning the floor

They are _____
help to set the table / helping to set the table

스스로 전체 써 보기

윗글을 참조하여 전체 글을 써 보세요.

Jack is in the bathroom.

He _____
그는 세탁을 하고 있다.

Dad is in the room.
아빠는 방에 있다.

He _____
그는 침대 정리를 돕고 있다.

_____
그들은 집을 청소하고 있다.

Review

누가	하다	무엇을
He	**likes**	**to swim.**
그는	좋아한다	수영하는 것을.

	누가	하다	무엇을

1

make

나는 쿠키 만드는 것을 좋아한다.

나는 샌드위치 만드는 것을 좋아한다.

2

go

그는 캠핑하러 가는 것을 좋아한다.

그는 쇼핑하러 가는 것을 좋아한다.

그는 낚시하러 가는 것을 좋아한다.

3

watch

그녀는 TV 보는 것을 좋아한다.

그녀는 영화 보는 것을 좋아한다.

누가	하고 있다	무엇을
She	**is reading**	**a book.**
그녀는	읽고 있다	책을.

	누가	하고 있다	무엇을

1 **do**

		그는 설거지를 하고 있다.
		그는 세탁을 하고 있다.

2 **clean**

		그녀는 집을 청소하고 있다.
		그녀는 방을 청소하고 있다.
		그녀는 바닥을 청소하고 있다.

3 **help**

		그들은 식탁 차리는 것을 돕고 있다.
		그들은 침대 정리하는 것을 돕고 있다.

다음 영단어의 우리말 또는 우리말에 맞는 영단어를 쓰세요.

	영단어	우리말		영단어	우리말
1	basket	바구니	15	cookie	쿠키
2		소파	16	sandwich	
3	table		17	go camping	
4	fast		18	go shopping	
5		느린	19		낚시하러 가다
6		인형	20	watch TV	
7		공	21		영화를 보다
8	cute		22		설거지를 하다
9	tub		23	do the laundry	
10		거울	24		집
11	bedroom		25		방
12		욕실	26	floor	
13	kitchen		27	set the table	
14	living room		28	make the bed	

PART

3

날씨와 생활

STEP 01 문장 특징 ✏️

누가	하니	무엇을
Do	**you**	**see**	**a rainbow?**

| | 너는 | 보니 | 무지개를? |

You see the sun. VS **Do you see the sun?**

너는 해를 본다.   너는 해를 보니?

물어보는 것은 문장 맨 앞에 Do를 넣어 <Do + 주어 + 동사~?>로 써요.

You see the sun.

누가	하다	무엇을
You	**see**	**the sun.**
너는	본다	해를.

Do you see the sun?

누가	하니	무엇을
Do	**you**	**see**	**the sun?**
	너는	보니	해를?

☑ 단어 조합 단어의 조합을 보고 따라 쓰세요.

see + ☐

see
보다

+

해
sun

구름
cloud

눈
snow

➡

해를 보다
see the sun

구름을 보다
see the clouds

눈을 보다
see the snow

be + ☐

be
(하)다

+

더운
hot

추운
cold

➡

덥다
be hot

춥다
be cold

bring + ☐

bring
가져오다

+

우산
umbrella

장갑
mitten

➡

네 우산을 가져오다
bring your umbrella

네 장갑을 가져오다
bring your mittens

☑ 문장 쓰기   우리말에 맞게 문장을 쓰세요.

	누가	하니	무엇을	
Do	you	see	the sun	?
	너는	보니	해를?	

너는 you

보니?

	너는	보니	구름을?	?

	너는	보니	눈을?	?

	무엇	(하)다	어떠한	
It			and sunny.	
(날씨가)	(하)다	덥고 맑은.		

(날씨) It

(하)다

	(날씨가)	(하)다	추운. .

날씨, 시간, 날짜 등을 말할 때, It을 주어로 써요.

	누가	할 거니	무엇을	
Will	you			?
	너는	가져올 거니	네 우산을?	

너는 you

가져올 거니?

	너는	가져올 거니	네 장갑을?	?

will은 '~할 것이다'라고 앞으로의 일을 말할 때 쓰는 것으로 문장 앞에 오기 때문에 '~할 거니?'라고 물어보는 말이 돼요.

주어진 조건을 보고 알맞은 말을 골라 쓰세요.

How is the weather?

_____ rainy.

It is / Is it

_____ the rain?

Are you see / Do you see

_____ your umbrella?

Are you bring / Will you bring

Don't forget your umbrella.

스스로 전체 써 보기

윗글을 참조하여 전체 글을 써 보세요.

How is the weather?

_____

날씨가 춥다.

_____ the snow?

너는 눈을 보니?

_____

장갑을 가져올 거니?

Don't forget your mittens.

장갑 가져오는 것을 잊지 마라.

질병과 휴식

문장 특징 ✏️

누가	하니	무엇을
Does	**she**	**have**	**a cat?**
	그녀는	가지고 있니	고양이를?

Do you have a cold? vs **Does he have a cold?**

너는 감기에 걸렸니?   그는 감기에 걸렸니?

질문할 때 he, she, it 앞에는 Does를 쓰고 문장 마지막에는 ?(물음표)를 써야 해요.

⌐**Do you** have a cold?

누가	하니	무엇을
Do	you	have	**a cold?**
	너는	걸렸니	감기에?

⌐**Does he** have a cold?

누가	하니	무엇을
Does	he	have	**a cold?**
	그는	걸렸니	감기에?

☑ 단어 조합   단어의 조합을 보고 따라 쓰세요.

have + ☐

have
걸리다
(병이) 있다

+

감기
cold

두통
headache

코감기
runny nose

➡

감기에 걸리다
have a cold

두통이 있다
have a headache

코감기에 걸리다
have a runny nose

take + ☐

take
(약을) 먹다,
하다

+

약
medicine

샤워
shower

➡

약을 먹다
take medicine

뜨거운 샤워를 하다
take a hot shower

feel + ☐

feel
느끼다

+

더 좋은(나은)
better

어지러운
dizzy

➡

기분이 나아지다
feel better

어지러운 기분을 느끼다
feel dizzy

60

☑ 문장 쓰기   우리말에 맞게 문장을 쓰세요.

	누가	하니	무엇을	
Does	he	have	a cold	?
	그는	걸렸니	감기에?	

그는 he

걸렸니?
(병이) 있니?

				?
	그는	있니	두통이?	
				?
	그는	걸렸니	코감기에?	

	누가	하니	무엇을	
	she			?
	그녀는	먹니	약을?	

그녀는 she

(약을) 먹니?
하니?

				?
	그녀는	하니	샤워를?	

	누가	하니	무엇을	
				?
	그녀는	(기분을) 느끼니	나은?	

그녀는 she

느끼니?

				?
	그녀는	(기분을) 느끼니	어지러운?	

61

주어진 조건을 보고 알맞은 말을 골라 쓰세요.

Joy is on the bed.

_____ a cold?
Do she have / Does she have

Yes. She has a runny nose.

_____ medicine?
Do she take / Does she take

Yes. She _____ now.
feel better / feels better

⬇️

스스로 전체 써 보기
윗글을 참조하여 전체 글을 써 보세요.

Matt is on the bed.

_____
그는 두통이 있니?

Yes. He has a cold.
맞아. 그는 감기에 걸렸다.

_____
그는 샤워를 하니?

No. He _____
아니. 그는 어지러운 느낌이다.

	누가	하니	무엇을
Do	you	see	a rainbow?
	너는	보니	무지개를?

	누가	하니 / 할 거니	무엇을

1 see

			너는 해를 보니?
			너는 구름을 보니?
			너는 눈을 보니?

2 bring

			너는 네 우산을 가져올 거니?
			너는 네 장갑을 가져올 거니?

	무엇이	(하)다	어떠한

3 be

			날씨가 덥고 맑다.
			날씨가 춥다.

누가	하니	무엇을

1

have

			그는 감기에 걸렸니?
			그는 두통이 있니?
			그는 코감기에 걸렸니?

2

take

			그녀는 약을 먹니?
			그녀는 샤워를 하니?

3

feel

			그녀는 더 나아진 기분이니?
			그녀는 어지러운 기분이니?

나의 옷

STEP
01
문장 특징 ✏️

해라	무엇을
Put on	**your sweater.**
입어라	네 스웨터를.

I put on a jacket. VS **Put on a jacket.**

나는 자켓을 입는다.   자켓을 입어라.

'~해라'라고 명령, 부탁을 할 때는 동사를 문장 앞에 써야 해요.

⌐ I **put on** a jacket.

누가	하다	무엇을
I	**put on**	**a jacket.**
나는	입는다	자켓을.

⌐ **Put on** a jacket.

해라	무엇을
Put on	**a jacket.**
입어라	자켓을.

✓ 단어 조합 단어의 조합을 보고 따라 쓰세요.

put on + ☐

put on
입다, 신다,
(화장품을) 바르다

+

수영복
swimsuit

샌들
sandals

선크림(자외선 차단제)
sunscreen

➡

네 수영복을 입다
put on your swimsuit

네 샌들을 신다
put on your sandals

네 선크림을 바르다
put on your sunscreen

Let's + ☐

Let's
~하자

+

수영장
pool

해변
beach

➡

수영장에 가자.
Let's go to the pool.

해변에 가자.
Let's go to the beach.

drink + ☐

drink
마시다

+

차가운 물
cold water

주스
juice

➡

차가운 물을 마시다
drink cold water

주스를 마시다
drink juice

☑ 문장 쓰기　　우리말에 맞게 문장을 쓰세요.

	해라	무엇을
	Put on	your swimsuit .
	입어라	네 수영복을.
~해라		
입어라, 신어라,	신어라	네 샌들을.
(화장품을) 발라라		
	발라라	네 선크림을.

	하자	어디에
	Let's go	.
~하자	가자	수영장에.
하자		
	가자	해변에.

	해라	무엇을
	Drink	.
~해라	마셔라	차가운 물을.
마셔라		
	마셔라	주스를.

주어진 조건을 보고 알맞은 말을 골라 쓰세요.

It is hot today.

_____ to the pool.

Let's go / Let's put on

_____ your swimsuit.

Put / Put on

_____ your hat.

Put on / Drink

_____ juice.

Drink / Put on

⬇️

스스로 전체 써 보기

윗글을 참조하여 전체 글을 써 보세요.

It is hot today.

_____ to the beach.

해변에 가자.

_____

네 선크림을 발라라.

_____

네 샌들을 신어라.

_____

차가운 물을 마셔라.

Unit
12

교실 예절

STEP
01 **문장 특징** ✏️

마라	하지	어디에
Don't	**sit**	**here.**
마라	앉지	여기에.

Wash your body.   vs   **Don't wash your body.**

몸을 씻어라.   몸을 씻지 마라.

'~하지 마라'라고 금지할 때는 동사 앞에 Don't를 써요.

Wash your body.

해라	무엇을
Wash	**your body.**
씻어라	네 몸을.

Don't wash your body.

마라	하지	무엇을
Don't	**wash**	**your body.**
마라	씻지	네 몸을.

✔ 단어 조합   단어의 조합을 보고 따라 쓰세요.

touch 만지다 + 얼굴 **face** / 물건 **thing**

➡ 네 얼굴을 만지다
touch your face

네 물건들을 만지다
touch your things

cover +

cover 가리다 + 코 **nose** / 입 **mouth**

➡ 네 코를 가리다
cover your nose

네 입을 가리다
cover your mouth

forget +

forget 잊다 + 씻는 것 **to wash** / 쓰는 것 **to wear** / 머무르는 것 **to stay**

➡ 네 손을 씻는 것을 잊다
forget to wash your hands

마스크 쓰는 것을 잊다
forget to wear a mask

집에 머무르는 것을 잊다
forget to stay home

☑ 문장 쓰기   우리말에 맞게 문장을 쓰세요.

	하지 마라		무엇을
하지 마라 만지지 마라	Don't 만지지 마라	touch	your face 네 얼굴을.
	 만지지 마라		 네 물건들을.

	해라		무엇을
해라 가려라	Cover 가려라		 네 코를.
	 가려라		 네 입을.

	하지 마라		무엇을
하지 마라 잊지 마라	 잊지 마라		 네 손을 씻는 것을.
	 잊지 마라		 마스크 쓰는 것을.
	 잊지 마라		 집에 머무르는 것을.

비교하며 문장쓰기

주어진 조건을 보고 알맞은 말을 골라 쓰세요.

Achoo, achoo.

_____ your mouth.

Cover / Don't cover

_____ your face.

Touch / Don't touch

_____ your hands.

Forget to wash / Don't forget to wash

_____ home.

Forget to stay / Don't forget to stay

스스로 전체 써 보기

윗글을 참조하여 전체 글을 써 보세요.

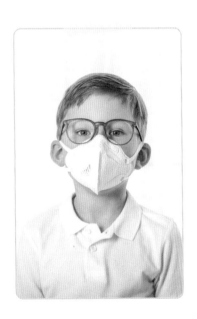

Achoo, achoo.

_____ and mouth.

네 코와 입을 가려라.

_____

네 물건들을 만지지 마라.

_____

마스크 쓰는 것을 잊지 마라.

_____ drink water.

물 마시는 것을 잊지 마라.

Review

Unit 11에 나온 문장 모두 다시 쓰기

하라	무엇을
Put on	**your sweater.**
입어라	네 스웨터를.

해라 | 무엇을

1

put on

네 수영복을 입어라.

네 샌들을 신어라.

네 자외선 차단제를 발라라.

2

drink

차가운 물을 마셔라.

주스를 마셔라.

하자 | 무엇을

3

Let's

수영장에 가자.

해변에 가자.

마라	하지	어디에
Don't	**sit**	**here.**
마라	앉지	여기에.

	마라	하지	무엇

1 touch

네 얼굴을 만지지 마라.

네 물건들을 만지지 마라.

2 forget

네 손을 씻는 것을 잊지 마라.

마스크 쓰는 것을 잊지 마라.

집에 머무는 것을 잊지 마라.

해라	무엇을

3 cover

네 입을 가려라.

네 코를 가려라.

다음 영단어의 우리말 또는 우리말에 맞는 영단어를 쓰세요.

	영단어	우리말		영단어	우리말
1	see the sun	해를 보다	15	swimsuit	수영복
2		구름을 보다	16	sandals	
3	see the snow		17	sunscreen	
4	hot and sunny		18	pool	
5		추운	19		해변
6		우산	20	drink cold water	
7	mitten		21		주스를 마시다
8	have a cold		22		얼굴
9	have a headache		23	thing	
10		코감기에 걸리다	24		코
11	medicine		25		입
12		샤워	26	wash	
13	feel better		27	wear	
14	feel dizzy		28		집에 머무르다

PART

4

할 수 있는 일

문장 특징 ✏️

누가	할 수 있다	어떻게
It	**can fly**	**high.**
그것은	날 수 있다	높게.

It can move.	VS	**It can't run.**
그것은 움직일 수 있다.		그것은 달릴 수 없다.

'~할 수 있다'라는 문장은 보조해 주는 조동사 can을 쓰고 '~할 수 없다'는 can't로 표현해요.

☐ It **can move** slowly.

누가	할 수 있다	어떻게
It	**can move**	**slowly.**
그것은	움직일 수 있다	느리게.

☐ It **can't run** fast.

누가	할 수 없다	어떻게
It	**can't run**	**fast.**
그것은	달릴 수 없다	빠르게.

 **단어 조합** 단어의 조합을 보고 따라 쓰세요.

swim + ☐

swim
수영하다
+
잘 **well**

빠르게 **fast**
→

수영을 잘하다
swim well

수영을 빠르게 하다
swim fast

ride + ☐

ride
타다
+
자전거 **bike**

말 **horse**

파도 **wave**
→

자전거를 타다
ride a bike

말을 타다
ride a horse

파도를 타다
ride a wave

jump + ☐

jump
점프하다
+
높게 **high**

바다 **sea**
→

높게 점프하다
jump high

바다로 점프하다
jump into the sea

☑ 문장 쓰기   우리말에 맞게 문장을 쓰세요.

누가	할 수 있다	어떻게
It	can swim	well .
그것은	수영할 수 있다	잘.
		.
그것은	수영할 수 있다	빠르게.

그것은 It
수영한다

누가	할 수 있다	무엇을
He		.
그는	탈 수 있다	자전거를.
		.
그는	탈 수 있다	말을.
		.
그는	탈 수 있다	파도를.

그는 He
탄다

누가	할 수 있다	어떻게
She		.
그녀는	점프할 수 있다	높이.
		.
그녀는	점프할 수 있다	바다로.

그녀는 She
점프한다

주어진 조건을 보고 알맞은 말을 골라 쓰세요.

A penguin is a bird.

But it

can fly / can't fly

It _____ with wings.

can swim / can't swim

It has short legs.

It _____ high.

can jump / can't jump

스스로 전체 써 보기

윗글을 참조하여 전체 글을 써 보세요.

Joe is a good swimmer.

She

그녀는 빠르게 수영할 수 있다.

She

그녀는 파도를 탈 수 있다.

She _____ into the sea.

그녀는 바다로 점프할 수 있다.

She can swim under the water.

그녀는 물속으로 수영할 수 있다.

학교 활동

문장 특징 ✏️

누가	할 것이다	무엇을
I	**will paint**	**a picture.**
나는	그릴 것이다	그림을.

I play tennis.	vs	**I will play tennis.**
나는 테니스를 친다.		나는 테니스를 칠 것이다.

will은 '~할 것이다'라는 의미로, 앞으로 할 일을 말할 때 동사 앞에 써요.

☐ **I play** tennis.

누가	하다	무엇을
I	**play**	**tennis.**
나는	친다	테니스를.

☐ **I will play** tennis.

누가	할 것이다	무엇을
I	**will play**	**tennis.**
나는	칠 것이다	테니스를.

단어 조합하고 문장쓰기 ✏️

단어 조합   단어의 조합을 보고 따라 쓰세요.

walk + ⬚

walk + 개 **dog**
걷다, 산책시키다   박물관 **museum**

⮕ 개를 산책시키다
walk the dog

박물관에 걸어가다
walk to the museum

join + ⬚

join + 클럽, 동아리 **club**
참여하다   경기, 게임 **game**
   행진 **parade**

⮕ 북클럽에 참여하다
join the book club

경기에 참여하다
join the game

행진에 참여하다
join the parade

meet + ⬚

meet + 친구 **friend**
만나다   할머니 **grandma**

⮕ 나의 친구를 만나다
meet my friend

나의 할머니를 만나다
meet my grandma

☑️ 문장 쓰기   우리말에 맞게 문장을 쓰세요.

그들은 They

걷는다,
산책시킨다

누가	할 것이다	무엇을 /어디에
They	will walk	the dog .
그들은	산책시킬 것이다	개를.
		.
그들은	걸어갈 것이다	박물관에.

그는 He

참여한다

누가	할 것이다	무엇을
He		.
그는	참여할 것이다	북클럽에.
		.
그는	참여할 것이다	경기에.
		.
그는	참여할 것이다	행진에.

나는 I

만난다

누가	할 것이다	무엇을
I		.
나는	만날 것이다	나의 친구를.
		.
나는	만날 것이다	나의 할머니를.

주어진 조건을 보고 알맞은 말을 골라 쓰세요.

Anne will be busy tomorrow.

At 10, she _____ the dog.
will join / will walk

After lunch, she _____
will join / will meet
the book club.

She _____ her friend
before dinner.
will join / will meet

스스로 전체 써 보기

윗글을 참조하여 전체 글을 써 보세요.

Jack will be busy tomorrow.

At 11, he _____
11시에 그는 박물관까지 걸어갈 것이다.

After lunch, he _____

점심 식사 후, 그는 게임에 참여할 것이다.

He _____
and have dinner.
그는 그의 할머니를 만나 저녁을 먹을 것이다.

Review

누가	할 수 있다	어떻게
It	**can fly**	**high.**
그것은	날 수 있다	높이.

	누가	할 수 있다	어떻게 / 무엇을
1 **swim**			그것은 수영을 잘할 수 있다.
			그것은 수영을 빠르게 할 수 있다.
2 **ride**			그는 자전거를 탈 수 있다.
			그는 말을 탈 수 있다.
			그는 파도를 탈 수 있다.
3 **jump**			그녀는 높이 점프할 수 있다.
			그녀는 바다로 점프할 수 있다.

누가	할 것이다	무엇을
I	**will paint**	**a picture.**
나는	그릴 것이다	그림을.

	누가	할 것이다	무엇을

1 walk

		그들은 개를 산책시킬 것이다.
		그들은 박물관에 걸어갈 것이다.

2 join

		그는 북클럽에 참여할 것이다.
		그는 경기에 참여할 것이다.
		그는 행진에 참여할 것이다.

3 meet

		나는 내 친구를 만날 것이다.
		나는 내 할머니를 만날 것이다.

환경 보호 I

문장 특징

누가	해야 한다	언제
You	**must see a doctor**	**now.**
너는	의사를 봐야 한다(병원에 가야 한다)	지금.

I must go now.   VS   **I have to go now.**

나는 지금 가야 한다.   나는 지금 가야 한다.

'~해야 한다'고 의무나 필요 등을 나타낼 때 must나 have(has) to를 써요.

⌐ I must go now.

누가	해야 한다	언제
I	**must go**	**now.**
나는	가야 한다	지금.

⌐ I have to go now.

누가	해야 한다	언제
I	**have to go**	**now.**
나는	가야 한다	지금.

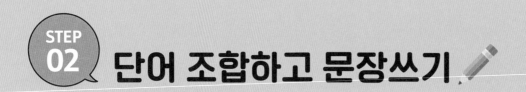
✓ 단어 조합  단어의 조합을 보고 따라 쓰세요.

save + ☐

save
아끼다, 구하다

+

에너지
energy

지구
Earth

➡

에너지를 아끼다

save energy

지구를 구하다

save the Earth

recycle + ☐

recycle
재활용하다

+

종이
paper

병
bottle

플라스틱
plastic

➡

종이를 재활용하다

recycle paper

병을 재활용하다

recycle bottles

플라스틱을 재활용하다

recycle plastic

turn off + ☐

turn off
끄다, 잠그다

+

빛, 조명
light

수도꼭지
tap

➡

조명을 끄다

turn off the lights

수도꼭지를 잠그다

turn off the tap

✓ 문장 쓰기   우리말에 맞게 문장을 쓰세요.

나는 I
아낀다, 구한다

누가	해야 한다	무엇을
I	must save	energy .
나는	아껴야 한다	에너지를.
		.
나는	구해야 한다	지구를.

너는 You
재활용한다

누가	해야 한다	무엇을
You	have to	.
너는	재활용해야 한다	종이를.
		.
너는	재활용해야 한다	병을.
		.
너는	재활용해야 한다	플라스틱을.

우리는 We
끈다, 잠근다

누가	해야 한다	무엇을
We		.
우리는	꺼야 한다	조명을.
		.
우리는	잠궈야 한다	수도꼭지를.

주어진 조건을 보고 알맞은 말을 골라 쓰세요.

Let's save the Earth.

You _____ energy.
must save / must to save

You _____ the lights.
have turn off / have to turn off

You _____ water
have to save / have to turn off

You _____ the tap.
have to save / have to turn off

스스로 전체 써 보기

윗글을 참조하여 전체 글을 써 보세요.

Let's save the Earth.

You _____
너는 지구를 구해야 한다.

You _____
너는 병을 재활용해야 한다.

You _____
너는 종이를 재활용해야 한다.

You _____
너는 플라스틱을 재활용해야 한다.

90

환경 보호 Ⅱ

문장 특징 ✏️

누가	하는 게 좋다	무엇을
You	**should save**	**the Earth.**
너는	구하는 게 좋다	지구를.

Drink water.	VS	**You should drink water.**
물을 마셔라.		너는 물을 마시는 게 좋다.

'~하는 게 좋다'라고 조언이나 충고하는 문장은 부드럽게 should를 써요.

⌐ Drink water.

해라	무엇을
Drink	**water.**
마셔라	물을.

⌐ You should drink water.

누가	하는 게 좋다	무엇을
You	**should drink**	**water.**
너는	마시는 게 좋다	물을.

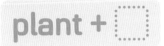 단어의 조합을 보고 따라 쓰세요.

plant + ☐

plant
심다
+
나무
tree

씨앗
seed
→

나무를 심다

plant trees

씨앗을 심다

plant seeds

use + ☐

use
사용하다,
이용하다
+
컵
cup

계단
stair

자전거
bicycle
→

컵을 사용하다

use a cup

계단을 사용하다

use the stairs

자전거를 사용하다

use a bicycle

waste + ☐

 waste
낭비하다
+
 물
water

음식
food
→

물을 낭비하다

waste water

음식을 낭비하다

waste food

☑️ 문장 쓰기   우리말에 맞게 문장을 쓰세요.

	누가	하는 게 좋다	무엇을
너는 You 심는다	You 너는	should plant 심는 게 좋다	trees 나무를.
	 너는	 심는 게 좋다	 씨앗을.

	누가	하는 게 좋다	무엇을
	We 우리는	 사용하는 게 좋다	 컵을.
우리는 We 사용한다	 우리는	 사용하는 게 좋다	 계단을.
	 우리는	 사용하는 게 좋다	 자전거를.

	누가	하지 않는 게 좋다	무엇을
너는 You 낭비한다	You 너는	should not waste 낭비하지 않는 게 좋다	 물을.
	 너는	 낭비하지 않는 게 좋다	 음식을.

should의 부정인 should not은 '~하지 않는 게 좋겠다'라는 의미로 써요.

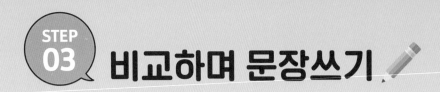

STEP 03 비교하며 문장쓰기 ✏️

주어진 조건을 보고 알맞은 말을 골라 쓰세요.

The Earth is special.

We _____ the Earth.

should save / should not save

We _____ trees.

should plant / should not plant

We _____ a bicycle.

should ride / should not ride

We _____ water.

should waste / should not waste

스스로 전체 써 보기

윗글을 참조하여 전체 글을 써 보세요.

The Earth is special.

You _____

너는 씨앗을 심는 게 좋다.

You _____

너는 계단을 이용하는 게 좋다.

You _____

너는 자전거를 이용하는 게 좋다.

You _____

너는 음식을 낭비하지 않는 게 좋다.

누가	해야 한다	무엇을
You	**must see a doctor**	**now.**
너는	의사를 봐야 한다(병원에 가야 한다)	지금.

누가	해야 한다	무엇을

1

save

나는 에너지를 아껴야 한다.

나는 지구를 구해야 한다.

2

recycle

너는 종이를 재활용해야 한다.

너는 병을 재활용해야 한다.

너는 플라스틱을 재활용해야 한다.

3

turn off

우리는 조명을 꺼야 한다.

우리는 수도꼭지를 잠가야 한다.

누가	하는 게 좋다	무엇을
You	**should save**	**the Earth.**
너는	구하는 게 좋다	지구를.

누가	하는 게 좋다	무엇을

1

plant

		너는 나무를 심는 게 좋다.
		너는 씨앗을 심는 게 좋다.

2

use

		우리는 컵을 사용하는 게 좋다.
		우리는 계단을 사용하는 게 좋다.
		우리는 자전거를 사용하는 게 좋다.

누가	하지 않는 게 좋다	무엇을

3

waste

		너는 물을 낭비하지 않는 게 좋다.
		너는 음식을 낭비하지 않는 게 좋다.

다음 영단어의 우리말 또는 우리말에 맞는 영단어를 쓰세요.

	영단어	우리말		영단어	우리말
1	swim well	수영을 잘하다	15	save the energy	에너지를 아끼다
2		수영을 빠르게 하다	16	save the Earth	
3	bike		17	recycle paper	
4	horse		18		병을 재활용하다
5		파도	19	recycle plastic	
6	sea		20		조명을 끄다
7		높이 점프하다	21		수도꼭지를 잠그다
8	walk a dog		22	plant trees	
9		박물관	23		씨앗을 심다
10	club		24		컵
11		게임	25	stair	
12	parade		26	bicycle	
13	friend		27	waste water	
14	grandma		28	waste food	

문장 쓰기 ②

Answer Key 정답 확인

✅ 문장 쓰기　우리말에 맞게 문장을 쓰세요.

누가	이다	누구
I	am	Ella .
나는	이다	엘라.

be동사는 주어에 따라 붙여쓰기 바뀌어요!

나는 I / 이다

누가	이다	누구
I	am	a student .
나는	이다	학생.
I	am	a soccer player .
나는	이다	축구 선수.

나는 I / 좋아한다

누가	하다	무엇을
I	like	P.E. .
나는	좋아한다	체육 수업.
I	like	music class .
나는	좋아한다	음악 수업.

나는 I / (운동을) 한다

누가	하다	무엇을
I	play	soccer .
나는	한다	축구를.
I	play	basketball .
나는	한다	농구를.

13

STEP 03 비교하며 문장쓰기 ✏️

주어진 조건을 보고 알맞은 말을 골라 쓰세요.

Hello, everyone.

I am Ella.　(Ella) / Matt

I am a soccer player.　a student / (a soccer player)

I like P.E.　(P.E.) / music class

I play soccer.　(soccer) / basketball

스스로 전체 써 보기　윗글을 참조하여 전체 글을 써 보세요.

Hello, everyone.

I am Matt.　내 이름은 매트이다.

I am a student.　나는 학생이다.

I like music class.　나는 음악 수업을 좋아한다.

I play basketball.　나는 농구를 한다.

14

✅ 문장 쓰기　우리말에 맞게 문장을 쓰세요.

나는 I / 간다

누가	하다	어디
I	go	to school .
나는	간다	학교에.
I	go	to bed .
나는	간다	침대에.
I	go	to the library .
나는	간다	도서관에.

나는 I / 먹는다

누가	하다	무엇을	언제
I	eat	breakfast	at 7 .
나는	먹는다	아침을	7시에.
I	eat	dinner	at 6 .
나는	먹는다	저녁을	6시에.

<at + 숫자>로 시간을 나타내요!

나는 I / 공부한다

누가	하다	언제 / 어디
I	study	at night .
나는	공부한다	밤에.
I	study	in the library .
나는	공부한다	도서관에서.

17

STEP 03 비교하며 문장쓰기 ✏️

주어진 조건을 보고 알맞은 말을 골라 쓰세요.

Anne's Day

at 7	eat breakfast
at 8	go to school
at 2	study in the library

I am Anne.

I eat breakfast at 7.　(breakfast) / dinner

I go to school at 8.　the park / (school)

I go to the library at 2.　(at 2) / at night

I study in the library at 2.　bed / (library)

스스로 전체 써 보기　윗글을 참조하여 전체 글을 써 보세요.

Jack's Day

at 3	go to the park
at 6	eat dinner
at 8	study English
at 10	go to bed

I am Jack.

I go to the park at 3.　나는 3시에 공원에 간다.

I eat dinner at 6.　나는 6시에 저녁을 먹는다.

I study English at 8.　나는 8시에 영어 공부를 한다.

I go to bed at 10.　나는 10시에 잔다.

18

99

Review
Unit 01에 나온 문장 모두 다시 쓰기

누가	이다	누구
I	**am**	**a singer.**
나는	이다	가수.

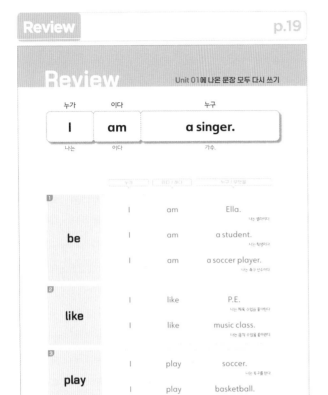

	누가	이다/하다	누구/무엇을
① be	I	am	Ella. 나는 엘라이다
	I	am	a student. 나는 학생이다
	I	am	a soccer player. 나는 축구 선수이다
② like	I	like	P.E. 나는 체육 수업을 좋아한다
	I	like	music class. 나는 음악 수업을 좋아한다
③ play	I	play	soccer. 나는 축구를 한다
	I	play	basketball. 나는 농구를 한다

19

Review
Unit 02에 나온 문장 모두 다시 쓰기

누가	하다	어디	언제
I	**go**	**to the zoo**	**at 8.**
나는	간다	동물원에	8시에

	누가	하다	어디, 언제	
① go	I	go	to school. 나는 학교에 간다	
	I	go	to bed. 나는 자러 간다	
	I	go	to the park. 나는 공원에 간다	
② study	I	study	at night. 나는 밤에 공부한다	
	I	study	in the library. 나는 도서관에서 공부한다	

	누가	하다	무엇을	언제
③ eat	I	eat	breakfast	at 7. 나는 7시에 아침을 먹는다
	I	eat	dinner	at 6. 나는 6시에 저녁을 먹는다

20

✓ 문장 쓰기   우리말에 맞게 문장을 쓰세요.

	누가	하다	언제
그는 He 일어난다	He 그는	gets up 일어난다	early 일찍.
	He 그는	gets up 일어난다	late 늦게. He일 때는 <동사 + s>로 바뀌어 써요

	누가	하다	무엇을
그녀는 She 씻는다	She 그녀는	washes 씻는다	her face 그녀의 얼굴을.
	She 그녀는	washes 씻는다	a car 차를. 동사 wash는 He, She일 때 washes로 바뀌어 써요
	She 그녀는	washes 세탁한다	clothes 옷을.

	누가	하다	무엇을
그는 He 요리한다	He 그는	cooks 요리한다	food 음식을.
	He 그는	cooks 요리한다	a meal 식사를.

23

STEP 03 비교하며 문장쓰기 ✏️

주어진 조건을 보고 알맞은 말을 골라 쓰세요.

This is Anne's weekend.

She gets up at 7.
get up / gets up

She washes her face at 8.
wash / washes

She cooks food at 5.
cook / cooks

She goes to bed at 10.
go / goes

↓

스스로 전체 써 보기   윗글을 참조하여 전체 글을 써 보세요.

This is Jack's weekend.

He gets up at 9.
그는 9시에 일어난다

He cooks a meal at 12.
그는 12시에 식사를 요리한다

He washes a car at 4.
그는 4시에 세차를 한다

He goes to bed at 10.
그는 10시에 잠을 잔다.

24

100

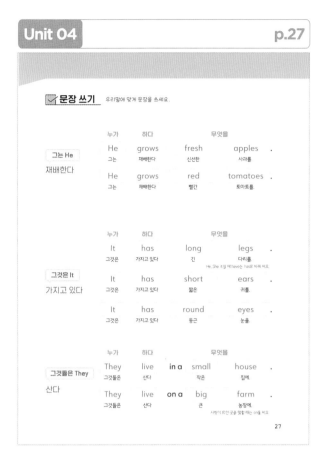

✓ 문장 쓰기 우리말에 맞게 문장을 쓰세요.

	누가	하다		무엇을	
그는 He	He	grows	fresh	apples	.
재배한다	그는	재배한다	신선한	사과를	
	He	grows	red	tomatoes	.
	그는	재배한다	빨간	토마토를	

	누가	하다		무엇을	
그것은 It	It	has	long	legs	.
가지고 있다	그것은	가지고 있다	긴	다리를	
	It	has	short	ears	.
	그것은	가지고 있다	짧은	귀를	
	It	has	round	eyes	.
	그것은	가지고 있다	둥근	눈을	

	누가	하다		무엇을	
그것들은 They	They	live	in a	small	house	.
산다	그것들은	산다		작은	집에	
	They	live	on a	big	farm	.
	그것들은	산다		큰	농장에	

27

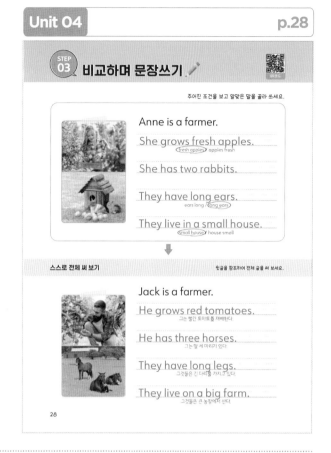

STEP 03 비교하며 문장쓰기 ✏

주어진 조건을 보고 알맞은 말을 골라 쓰세요.

Anne is a farmer.

She grows fresh apples.
~~fresh apples~~ apples fresh

She has two rabbits.

They have long ears.
ears long / ~~long ears~~

They live in a small house.
~~small house~~ house small

스스로 전체 써 보기 윗글을 참조하여 전체 글을 써 보세요.

Jack is a farmer.

He grows red tomatoes.
그는 빨간 토마토를 재배한다.

He has three horses.
그는 말 세 마리가 있다.

They have long legs.
그것들은 긴 다리를 가지고 있다.

They live on a big farm.
그것들은 큰 농장에서 산다.

28

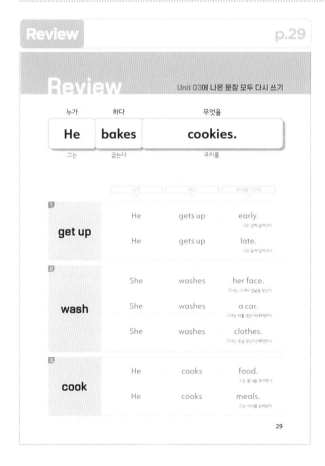

Review

Unit 03에 나온 문장 모두 다시 쓰기

누가	하다	무엇을
He	**bakes**	**cookies.**
그는	굽는다	쿠키를.

		누가	하다	무엇을 / 언제
1	**get up**	He	gets up	early.
				그는 일찍 일어난다.
		He	gets up	late.
				그는 늦게 일어난다.
2	**wash**	She	washes	her face.
				그녀는 그녀의 얼굴을 씻는다.
		She	washes	a car.
				그녀는 차를 씻는다(세차한다).
		She	washes	clothes.
				그녀는 옷을 씻는다(빨래한다).
3	**cook**	He	cooks	food.
				그는 음식을 요리한다.
		He	cooks	meals.
				그는 식사를 요리한다.

29

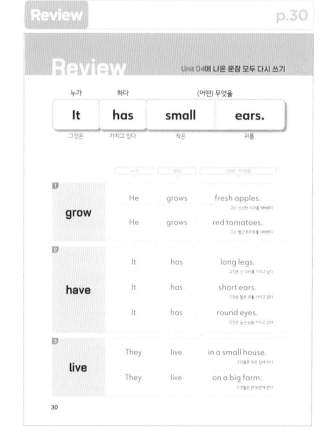

Review

Unit 04에 나온 문장 모두 다시 쓰기

누가	하다	(어떤) 무엇을	
It	**has**	**small**	**ears.**
그것은	가지고 있다	작은	귀를.

		누가	하다	(어떤) 무엇을
1	**grow**	He	grows	fresh apples.
				그는 신선한 사과를 재배한다.
		He	grows	red tomatoes.
				그는 빨간 토마토를 재배한다.
2	**have**	It	has	long legs.
				그것은 긴 다리를 가지고 있다.
		It	has	short ears.
				그것은 짧은 귀를 가지고 있다.
		It	has	round eyes.
				그것은 둥근 눈을 가지고 있다.
3	**live**	They	live	in a small house.
				그것들은 작은 집에 산다.
		They	live	on a big farm.
				그것들은 큰 농장에 산다.

30

Unit 01~04 Words Review

다음 영단어의 우리말 또는 우리말에 맞는 영단어를 쓰세요.

	영단어	우리말		영단어	우리말
1	like	좋아하다	15	late	늦게
2	student	학생	16	early	일찍
3	soccer player	축구 선수	17	face	얼굴
4	P.E.	체육 수업	18	car	승용차(자동차)
5	music class	음악 수업	19	clothes	옷
6	soccer	축구	20	food	음식
7	basketball	농구	21	meal	식사
8	school	학교	22	fresh	신선한
9	bed	침대	23	red	빨간
10	park	공원	24	long	긴
11	breakfast	아침(밥)	25	short	짧은
12	dinner	저녁(밥)	26	round	둥근
13	night	밤	27	big	큰
14	library	도서관	28	small	작은

31

☑ 문장 쓰기   우리말에 맞게 문장을 쓰세요.

	누가	있다	어디에	
	It	is	in the basket	.
	그것은	있다	바구니 안에.	
그것은 It 있다	It	is	on the chair	.
	그것은	있다	의자 위에.	
	It	is	under the table	.
	그것은	있다	탁자 아래에.	

be동사 다음에 in, on, under를 써서 위치를 나타내요.

	누가	(하)다	어떠한	
그것은 It (하)다	It	is	fast	.
	그것은	(하)다	빠른.	
	It	is	slow	.
	그것은	(하)다	느린.	

	누가	하다	무엇과 (함께)	
그것은 It 논다	It	plays	with a doll	.
	그것은	논다	인형과.	
	It	plays	with a ball	.
	그것은	논다	공과.	

35

STEP 03 비교하며 문장쓰기 ✏️

주어진 조건을 보고 알맞은 말을 골라 쓰세요.

There is something.

Oh, it is a cat.
~~is~~ is in

It is in the basket.
is ~~is in~~

It plays with a ball.
~~plays~~ is in

It is fast.
~~is~~ is in

스스로 전체 써 보기   윗글을 참조하여 전체 글을 써 보세요.

There is something.

Oh, it is a dog.
오, 그것은 강아지이다.

It is on the sofa.
그것은 소파 위에 있다.

It plays with a doll.
그것은 인형과 놀고 있다.

It is cute.
그것은 귀엽다

36

☑ 문장 쓰기   우리말에 맞게 문장을 쓰세요.

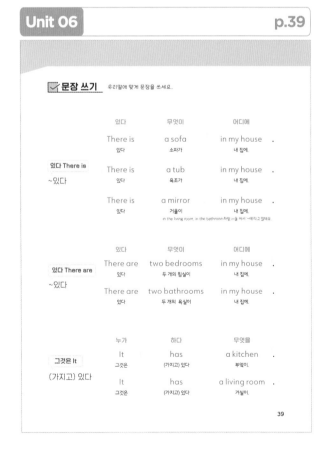

	있다	무엇이	어디에	
있다 There is ~있다	There is	a sofa	in my house	.
	있다	소파가	내 집에.	
	There is	a tub	in my house	.
	있다	욕조가	내 집에.	
	There is	a mirror	in my house	.
	있다	거울이	내 집에.	

in the living room, in the bathroom처럼 in을 써서 ~에라고 쓸때요.

	있다	무엇이	어디에	
있다 There are ~있다	There are	two bedrooms	in my house	.
	있다	두 개의 침실이	내 집에.	
	There are	two bathrooms	in my house	.
	있다	두 개의 욕실이	내 집에.	

	누가	하다	무엇을	
그것은 It (가지고) 있다	It	has	a kitchen	.
	그것은	(가지고) 있다	부엌이.	
	It	has	a living room	.
	그것은	(가지고) 있다	거실이.	

39

102

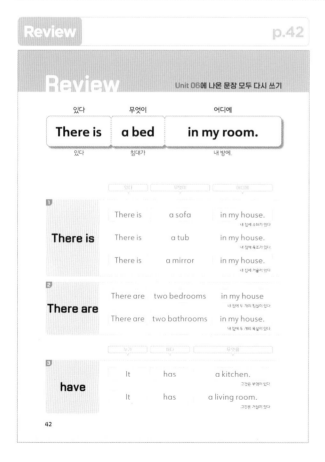

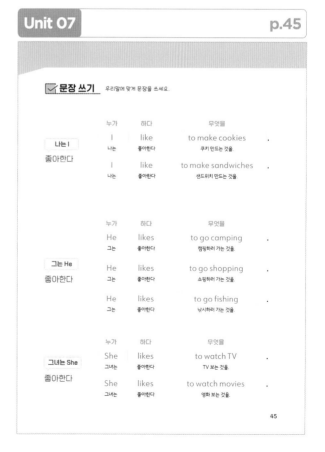

STEP 03 비교하며 문장쓰기

주어진 조건을 보고 알맞은 말을 골라 쓰세요.

Camping is fun.

I like to go camping.
go camping / to go camping

I like to go fishing.
fishing / to go fishing

I like to go outside.
go outside / to go outside

I sometimes like to watch TV.
like watch TV / like to watch TV

스스로 전체 써 보기   윗글을 참조하여 전체 글을 써 보세요.

Matt likes cookies.

He likes to make cookies.
그는 쿠키 만드는 것을 좋아한다

He likes sandwiches.
그는 샌드위치를 좋아한다

He likes to make sandwiches.
그는 샌드위치 만드는 것을 좋아한다

He sometimes likes to watch movies.
그는 가끔 영화 보는 것을 좋아한다

46

문장 쓰기   우리말에 맞게 문장을 쓰세요.

	누가	하고 있다	무엇을	
그는 He	He	is doing	the dishes	.
하고 있다	그는	하고 있다	설거지를	
	He	is doing	the laundry	.
	그는	하고 있다	세탁을	

	누가	하고 있다	무엇을	
그녀는 She	She	is cleaning	the house	.
청소하고 있다	그녀는	청소하고 있다	집을	
	She	is cleaning	the room	.
	그녀는	청소하고 있다	방을	
	She	is cleaning	the floor	.
	그녀는	청소하고 있다	바닥을	

	누가	하고 있다	무엇을	
그들은 They	They	are helping	to set the table	.
돕고 있다	그들은	돕고 있다	식탁 차리는 것을	
	They	are helping	to make the bed	.
	그들은	돕고 있다	침대 정리하는 것을	

49

STEP 03 비교하며 문장쓰기

주어진 조건을 보고 알맞은 말을 골라 쓰세요.

Anne is in the kitchen.

She is doing the dishes.
do the dishes / doing the dishes

Mom is in the room.

She is cleaning the floor.
clean the floor / cleaning the floor

They are helping to set the table.
help to set the table / helping to set the table

스스로 전체 써 보기   윗글을 참조하여 전체 글을 써 보세요.

Jack is in the bathroom.

He is doing the laundry.
그는 세탁을 하고 있다.

Dad is in the room.
아빠는 방에 있다.

He is helping to make the bed.
그는 침대 정리를 돕고 있다.

They are cleaning the house.
그들은 집을 청소하고 있다.

50

Review
Unit 07에 나온 문장 모두 다시 쓰기

누가	하다	무엇을
He	**likes**	**to swim.**
그는	좋아한다	수영하는 것을.

	누가	하다	무엇을
1 **make**	I	like	to make cookies.
			나는 쿠키 만드는 것을 좋아한다.
	I	like	to make sandwiches.
			나는 샌드위치 만드는 것을 좋아한다.
2 **go**	He	likes	to go camping.
			그는 캠핑하러 가는 것을 좋아한다.
	He	likes	to go shopping.
			그는 쇼핑하러 가는 것을 좋아한다.
	He	likes	to go fishing.
			그는 낚시하러 가는 것을 좋아한다.
3 **watch**	She	likes	to watch TV.
			그녀는 TV 보는 것을 좋아한다.
	She	likes	to watch movies.
			그녀는 영화 보는 것을 좋아한다.

51

Review

Unit 08에 나온 문장 모두 다시 쓰기

누가	하고 있다	무엇을
She	is reading	a book.
그녀는	읽고 있다	책을.

	누가	하고 있다	무엇을
1 **do**	He	is doing	the dishes.
			그는 설거지를 하고 있다.
	He	is doing	the laundy.
			그는 세탁을 하고 있다.
2 **clean**	She	is cleaning	the house.
			그녀는 집을 청소하고 있다.
	She	is cleaning	the room.
			그녀는 방을 청소하고 있다.
	She	is cleaning	the floor.
			그녀는 바닥을 청소하고 있다.
3 **help**	They	are helping	to set the table.
			그들은 식탁 차리는 것을 돕고 있다.
	They	are helping	to make the bed.
			그들은 침대 정리하는 것을 돕고 있다.

52

Unit 05~08 Words Review

다음 영단어의 우리말 또는 우리말에 맞는 영단어를 쓰세요.

	영단어	우리말			영단어	우리말
1	basket	바구니		15	cookie	쿠키
2	sofa	소파		16	sandwich	샌드위치
3	table	탁자		17	go camping	캠핑하러 가다
4	fast	빠른		18	go shopping	쇼핑하러 가다
5	slow	느린		19	go fishing	낚시하러 가다
6	doll	인형		20	watch TV	TV를 보다
7	ball	공		21	watch movies	영화를 보다
8	cute	귀여운		22	do the dish	설거지를 하다
9	tub	욕조		23	do the laundry	세탁을 하다
10	mirror	거울		24	house	집
11	bedroom	침실		25	room	방
12	bathroom	욕실		26	floor	바닥
13	kitchen	주방		27	set the table	식탁을 차리다
14	living room	거실		28	make the bed	침대를 정리하다

53

☑ **문장 쓰기**   우리말에 맞게 문장을 쓰세요.

		누가	하니	무엇을	
	Do	you	see	the sun	?
		너는	보니	해를?	
너는 you 보니?	Do	you	see	the clouds	?
		너는	보니	구름을?	
	Do	you	see	the snow	?
		너는	보니	눈을?	

	무엇	(하)다	어떠한	
	It	is	hot	and sunny.
	(날씨가)	(하)다	덥고 맑은.	
(날씨) It (하)다	It	is	cold	.
	(날씨가)	(하)다	추운	

		누가	할 거니	무엇을	
너는 you 가져올 거니?	Will	you	bring	your umbrella	?
		너는	가져올 거니	네 우산을?	
	Will	you	bring	your mittens	?
		너는	가져올 거니	네 장갑을?	

57

STEP 03 비교하며 문장쓰기 ✏️

주어진 조건을 보고 알맞은 말을 골라 쓰세요.

How is the weather?

It is rainy.
~~It is~~ / Is it

Do you see the rain?
~~Are you see~~ / Do you see

Will you bring your umbrella?
~~Are you bring~~ / Will you bring

Don't forget your umbrella.

↓

스스로 전체 써 보기   윗글을 참조하여 전체 글을 써 보세요.

How is the weather?

It is cold.
날씨가 춥다.

Do you see the snow?
너는 눈을 보니?

Will you bring your mittens?
장갑을 가져올 거니?

Don't forget your mittens.
장갑 가져오는 것을 잊지 마라.

58

105

✔ 문장 쓰기　우리말에 맞게 문장을 쓰세요.

	누가	하니	무엇을	
	Does	he 그는	have 걸렸니	a cold 감기에	?
그는 he 걸렸니? (병이) 있니?	Does	he 그는	have 있니	a headache 두통이	?
	Does	he 그는	have 걸렸니	a runny nose 코감기에	?

	누가	하니	무엇을	
그녀는 she (약을) 먹니? 하니?	Does	she 그녀는	take 먹니	medicine 약을	?
	Does	she 그녀는	take 하니	a shower 샤워를	?

	누가	하니	무엇을	
그녀는 she 느끼니?	Does	she 그녀는	feel (기분을) 느끼니	better 나은	?
	Does	she 그녀는	feel (기분을) 느끼니	dizzy 어지러운	?

61

STEP 03　비교하며 문장쓰기 ✏

주어진 조건을 보고 알맞은 말을 골라 쓰세요.

Joy is on the bed.

Does she have a cold?
Do she have / Does she have

Yes. She has a runny nose.

Does she take medicine?
Do she take / Does she take

Yes. She feels better now.
feel better / feels better

↓

스스로 전체 써 보기　윗글을 참조하여 전체 글을 써 보세요.

Matt is on the bed.

Does he have a headache?
그는 두통이 있니?

Yes. He has a cold.
맞아. 그는 감기에 걸렸다.

Does he take a shower?
그는 샤워를 하니?

No. He feels dizzy.
아니. 그는 어지러운 느낌이다.

62

Review
Unit 09에 나온 문장 모두 다시 쓰기

누가	하니	무엇을
Do	**you**	**see**	**a rainbow?**
너는	보니	무지개를?

	누가	하니	무엇을
see	Do	you	see	the sun? 너는 해를 보니?
	Do	you	see	the clouds? 너는 구름을 보니?
	Do	you	see	the snow? 너는 눈을 보니?

	누가	하니	무엇을
bring	Will	you	bring	your umbrella? 너는 네 우산을 가져올 거니?
	Will	you	bring	your mittens? 너는 네 장갑을 가져올 거니?

	무엇이	이다	어떠한
be	It	is	hot and sunny. 날씨가 덥고 맑다.
	It	is	cold. 날씨가 춥다.

63

Review
Unit 10에 나온 문장 모두 다시 쓰기

누가	하니	무엇을
Does	**she**	**have**	**a cat?**
	그녀는	가지고 있니	고양이를?

	누가	하니	무엇을
have	Does	he	have	a cold? 그는 감기에 걸렸니?
	Does	he	have	a headache? 그는 두통이 있니?
	Does	he	have	a runny nose? 그는 코감기에 걸렸니?

	Does	she	take	medicine? 그녀는 약을 먹니?
take	Does	she	take	a shower? 그녀는 샤워를 하니?

	Does	she	feel	better? 그녀는 더 나아진 기분이니?
feel	Does	she	feel	dizzy? 그녀는 어지러운 기분이니?

64

106

☑ **문장 쓰기** 우리말에 맞게 문장을 쓰세요.

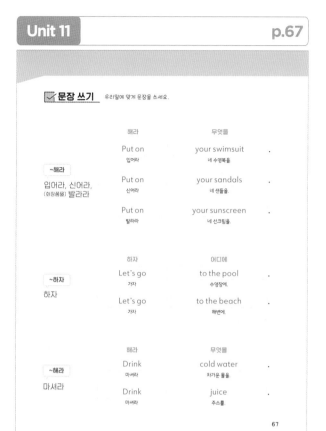

	해라	무엇을	
~해라 입어라, 신어라, (화장품을) 발라라	Put on 입어라	your swimsuit 네 수영복을.	.
	Put on 신어라	your sandals 네 샌들을.	.
	Put on 발라라	your sunscreen 네 선크림을.	.

	하자	어디에	
~하자 하자	Let's go 가자	to the pool 수영장에.	.
	Let's go 가자	to the beach 해변에.	.

	해라	무엇을	
~해라 마셔라	Drink 마셔라	cold water 차가운 물을.	.
	Drink 마셔라	juice 주스를.	.

67

STEP 03 비교하며 문장쓰기 ✏️

주어진 조건을 보고 알맞은 말을 골라 쓰세요.

It is hot today.

Let's go to the pool.
(Let's go)/ Let's put on

Put on your swimsuit.
(Put on)

Put on your hat.
(Put on)/ Drink

Drink juice.
(Drink)/ Put on

스스로 전체 써 보기 윗글을 참조하여 전체 글을 써 보세요.

It is hot today.

Let's go to the beach.
해변에 가자

Put on your sunscreen.
네 선크림을 발라라.

Put on your sandals.
네 샌들을 신어라.

Drink cold water.
차가운 물을 마셔라

68

☑ **문장 쓰기** 우리말에 맞게 문장을 쓰세요.

	하지 마라		무엇을	
하지 마라 만지지 마라	Don't 만지지 마라	touch	your face 네 얼굴을.	.
	Don't 만지지 마라	touch	your things 네 물건들을.	.

	해라		무엇을	
해라 가려라	Cover 가려라		your nose 네 코를.	.
	Cover 가려라		your mouth 네 입을.	.

	하지 마라		무엇을	
하지 마라 잊지 마라	Don't 잊지 마라	forget	to wash your hands 네 손을 씻는 것을.	.
	Don't 잊지 마라	forget	to wear a mask 마스크 쓰는 것을.	.
	Don't 잊지 마라	forget	to stay home 집에 머무르는 것을.	.

71

STEP 03 비교하며 문장쓰기 ✏️

주어진 조건을 보고 알맞은 말을 골라 쓰세요.

Achoo, achoo.

Cover your mouth.
(Cover)/ Don't cover

Don't touch your face.
Touch /(Don't touch)

Don't forget to wash your hands.
Forget to wash /(Don't forget to wash)

Don't forget to stay home.
Forget to stay /(Don't forget to stay)

스스로 전체 써 보기 윗글을 참조하여 전체 글을 써 보세요.

Achoo, achoo.

Cover your nose and mouth.
네 코와 입을 가려라.

Don't touch your things.
네 물건들을 만지지 마라

Don't forget to wear a mask.
마스크 쓰는 것을 잊지 마라.

Don't to drink drink water.
물 마시는 것을 잊지 마라.

72

107

Review

Unit 11에 나온 문장 모두 다시 쓰기

하라	무엇을
Put on	**your sweater.**
입어라	네 스웨터를.

	하라	무엇을
① put on	Put on	your swimsuit.
	Put on	your sandals.
	Put on	your sunscreen.
② drink	Drink	cold water.
	Drink	juice.
③ Let's	Let's	go to the pool.
	Let's	go to the beach.

73

Review

Unit 12에 나온 문장 모두 다시 쓰기

마라	하지	어디에
Don't	**sit**	**here.**
마라	앉지	여기에.

	마라	하지	무엇
① touch	Don't	touch	your face.
	Don't	touch	your things.
② forget	Don't	forget	to wash your hands.
	Don't	forget	to wear a mask.
	Don't	forget	to stay home.
③ cover	Cover		your mouth.
	Cover		your nose.

74

Unit 09~12 Words Review

다음 영단어의 우리말 또는 우리말에 맞는 영단어를 쓰세요.

	영단어	우리말		영단어	우리말
1	see the sun	해를 보다	15	swimsuit	수영복
2	see the clouds	구름을 보다	16	sandals	샌들
3	see the snow	눈을 보다	17	sunscreen	선크림
4	hot and sunny	덥고 맑은	18	pool	수영장
5	cold	추운	19	beach	해변
6	umbrella	우산	20	drink cold water	차가운 물을 마시다
7	mitten	장갑	21	drink juice	주스를 마시다
8	have a cold	감기에 걸리다	22	face	얼굴
9	have a headache	두통이 있다	23	thing	물건
10	have a runny nose	코감기에 걸리다	24	nose	코
11	medicine	약	25	mouth	입
12	shower	샤워	26	wash	씻다
13	feel better	기분이 나아지다	27	wear	입다
14	feel dizzy	어지러운 기분이다	28	stay home	집에 머무르다

75

✓ 문장 쓰기 우리말에 맞게 문장을 쓰세요.

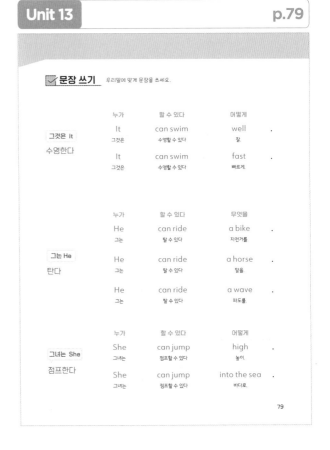

	누가	할 수 있다	어떻게
그것은 It 수영한다	It 그것은	can swim 수영할 수 있다	well 잘 .
	It 그것은	can swim 수영할 수 있다	fast 빠르게 .

	누가	할 수 있다	무엇을
그는 He 탄다	He 그는	can ride 탈 수 있다	a bike 자전거를 .
	He 그는	can ride 탈 수 있다	a horse 말을 .
	He 그는	can ride 탈 수 있다	a wave 파도를 .

	누가	할 수 있다	어떻게
그녀는 She 점프한다	She 그녀는	can jump 점프할 수 있다	high 높이 .
	She 그녀는	can jump 점프할 수 있다	into the sea 바다로 .

79

STEP 03 비교하며 문장쓰기 ✏️

주어진 조건을 보고 알맞은 말을 골라 쓰세요.

A penguin is a bird.

But it can't fly.
can fly / ~~can't fly~~

It can swim with wings.
~~can swim~~ / can't swim

It has short legs.

It can't jump high.
can jump / ~~can't jump~~

↓

스스로 전체 써 보기   윗글을 참조하여 전체 글을 써 보세요.

Joe is a good swimmer.

She can swim fast.
그녀는 빠르게 수영할 수 있다.

She can ride a wave.
그녀는 파도를 탈 수 있다.

She can jump into the sea.
그녀는 바다로 점프할 수 있다.

She can swim under the water.
그녀는 물속으로 수영할 수 있다.

80

☑️ **문장 쓰기**   우리말에 맞게 문장을 쓰세요.

	누가	할 것이다	무엇을 / 어디에
그들은 They 걷는다, 산책시킨다	They 그들은	will walk 산책시킬 것이다	the dog 개를 .
	They 그들은	will walk 걸어갈 것이다	to the museum 박물관에 .
	누가	할 것이다	무엇을
그는 He 참여한다	He 그는	will join 참여할 것이다	the book club 북클럽에 .
	He 그는	will join 참여할 것이다	the game 경기에 .
	He 그는	will join 참여할 것이다	the parade 행진에 .
	누가	할 것이다	무엇을
나는 I 만난다	I 나는	will meet 만날 것이다	my friend 나의 친구를 .
	I 나는	will meet 만날 것이다	my grandma 나의 할머니를 .

83

STEP 03 비교하며 문장쓰기 ✏️

주어진 조건을 보고 알맞은 말을 골라 쓰세요.

Anne will be busy tomorrow.

At 10, she will walk the dog.
will join / ~~will walk~~

After lunch, she will join
~~will join~~ / will meet
the book club.

She will meet her friend
before dinner.
will join / ~~will meet~~

↓

스스로 전체 써 보기   윗글을 참조하여 전체 글을 써 보세요.

Jack will be busy tomorrow.

At 11, he will walk to the museum.
11시에 그는 박물관까지 걸어갈 것이다.

After lunch, he will join the
game.
점심 식사 후, 그는 게임에 참여할 것이다.

He will meet his grandma
and have dinner.
그는 그의 할머니를 만나 저녁을 먹을 것이다.

84

Review
Unit 13에 나온 문장 모두 다시 쓰기

누가	할 수 있다	어떻게
It 그것은	**can fly** 날 수 있다	**high.** 높이.

		누가	할 수 있다	어떻게 / 무엇을
1	**swim**	It	can swim	well. 그것은 수영을 잘할 수 있다.
		It	can swim	fast. 그것은 수영을 빠르게 할 수 있다.
2	**ride**	He	can ride	a bike. 그는 자전거를 탈 수 있다.
		He	can ride	a horse. 그는 말을 탈 수 있다.
		He	can ride	a wave. 그는 파도를 탈 수 있다.
3	**jump**	She	can jump	high. 그녀는 높이 점프할 수 있다.
		She	can jump	into the sea. 그녀는 바다로 점프할 수 있다.

85

Review p.86

Review
Unit 14에 나온 문장 모두 다시 쓰기

누가	할 것이다	무엇을
I	will paint	a picture.
나는	그릴 것이다	그림을.

	누가	할 것이다	무엇을
1 **walk**	They	will walk	the dog.
			그들은 개를 산책시킬 것이다.
	They	will walk	to the museum.
			그들은 박물관에 걸어갈 것이다.
2 **join**	He	will join	the book club.
			그는 독서클럽에 참여할 것이다.
	He	will join	the game.
			그는 경기에 참여할 것이다.
	He	will join	the parade.
			그는 행진에 참여할 것이다.
3 **meet**	I	will meet	my friend.
			나는 내 친구를 만날 것이다.
	I	will meet	my grandma.
			나는 내 할머니를 만날 것이다.

86

Unit 15 p.89

📋 문장 쓰기 우리말에 맞게 문장을 쓰세요.

	누가	해야 한다	무엇을	
나는 I 아낀다, 구한다	I 나는	must save 아껴야 한다	energy 에너지를	.
	I 나는	must save 구해야 한다	the Earth 지구를	.

	누가	해야 한다	무엇을	
너는 You 재활용한다	You 너는	have to recycle 재활용해야 한다	paper 종이를	.
	You 너는	have to recycle 재활용해야 한다	bottles 병을	.
	You 너는	have to recycle 재활용해야 한다	plastic 플라스틱을	.

	누가	해야 한다	무엇을	
우리는 We 끈다, 잠근다	We 우리는	have to turn off 꺼야 한다	the lights 조명을	.
	We 우리는	have to turn off 잠궈야 한다	the tap 수도꼭지를	.

89

Unit 15 p.90

STEP 03 비교하며 문장쓰기 ✏️

주어진 조건을 보고 알맞은 말을 골라 쓰세요.

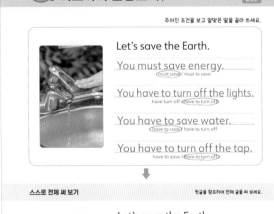

Let's save the Earth.

You must save energy.
(must save / must to save)

You have to turn off the lights.
(have turn off / have to turn off)

You have to save water.
(have to save / have to turn off)

You have to turn off the tap.
(have to save / save to turn off)

↓

스스로 전체 써 보기 윗글을 참조하여 전체 글을 써 보세요.

Let's save the Earth.

You must save the Earth.
너는 지구를 구해야 한다.

You have to recycle bottles.
너는 병을 재활용해야 한다.

You have to recycle paper.
너는 종이를 재활용해야 한다.

You have to recycle plastic.
너는 플라스틱을 재활용해야 한다.

90

Unit 16 p.93

📋 문장 쓰기 우리말에 맞게 문장을 쓰세요.

	누가	하는 게 좋다	무엇을	
너는 You 심는다	You 너는	should plant 심는 게 좋다	trees 나무를	.
	You 너는	should plant 심는 게 좋다	seeds 씨앗을	.

	누가	하는 게 좋다	무엇을	
우리는 We 사용한다	We 우리는	should use 사용하는 게 좋다	a cup 컵을	.
	We 우리는	should use 사용하는 게 좋다	the stairs 계단을	.
	We 우리는	should use 사용하는 게 좋다	a bicycle 자전거를	.

	누가	하지 않는 게 좋다	무엇을	
너는 You 낭비한다	You 너는	should not waste 낭비하지 않는 게 좋다	water 물을	.
		should의 부정인 should not 은 '~하지 않는 게 좋겠다'라는 의미로 써요.		
	You 너는	should not waste 낭비하지 않는 게 좋다	food 음식을	.

93

110

STEP 03 비교하며 문장쓰기 ✏️

주어진 조건을 보고 알맞은 말을 골라 쓰세요.

The Earth is special.

We should save the Earth.
should save / should not save

We should plant trees.
should plant / should not plant

We should ride a bicycle.
should ride / should not ride

We should not waste water.
should waste / should not waste

↓

스스로 전체 써 보기   윗글을 참조하여 전체 글을 써 보세요.

The Earth is special.

You should plant seeds.
너는 씨앗을 심는 게 좋다.

You should use the stairs.
너는 계단을 이용하는 게 좋다.

You should use a bicycle.
너는 자전거를 이용하는 게 좋다.

You should not waste food.
너는 음식을 낭비하지 않는 게 좋다.

94

Review

Unit 15에 나온 문장 모두 다시 쓰기

누가	해야 한다	무엇을
You	**must see a doctor**	**now.**
너는	의사를 봐야 한다(병원에 가야 한다)	지금.

	누가	해야 한다	무엇을
1 save	I	must save	energy. 나는 에너지를 아껴야 한다
	I	must save	the Earth. 나는 지구를 구해야 한다
2 recycle	You	have to recycle	paper. 너는 종이를 재활용해야 한다
	You	have to recycle	bottles. 너는 병을 재활용해야 한다
	You	have to recycle	plastic. 너는 플라스틱을 재활용해야 한다
3 turn off	We	have to turn off	the lights. 우리는 조명을 꺼야 한다
	We	have to turn off	the tap. 우리는 수도꼭지를 잠가야 한다

95

Review

Unit 16에 나온 문장 모두 다시 쓰기

누가	하는 게 좋다	무엇을
You	**should save**	**the Earth.**
너는	구하는 게 좋다	지구를.

	누가	하는 게 좋다	무엇을
1 plant	You	should plant	trees. 너는 나무를 심는 게 좋다
	You	should plant	seeds. 너는 씨앗을 심는 게 좋다
2 use	We	should use	a cup. 우리는 컵을 사용하는 게 좋다
	We	should use	the stairs. 우리는 계단을 사용하는 게 좋다
	We	should use	a bicycle 우리는 자전거를 사용하는 게 좋다

	누가	하지 않는 게 좋다	무엇을
3 waste	You	should not waste	water. 너는 물을 낭비하지 않는 게 좋다
	You	should not waste	food. 너는 음식을 낭비하지 않는 게 좋다

96

Unit 13~16 Words Review

다음 영단어의 우리말 또는 우리말에 맞는 영단어를 쓰세요.

	영단어	우리말		영단어	우리말
1	swim well	수영을 잘하다	15	save the energy	에너지를 아끼다
2	swim fast	수영을 빠르게 하다	16	save the Earth	지구를 구하다
3	bike	자전거	17	recycle paper	종이를 재활용하다
4	horse	말	18	recycle bottles	병을 재활용하다
5	wave	파도	19	recycle plastic	플라스틱을 재활용하다
6	sea	바다	20	turn off the lights	조명을 끄다
7	jump high	높이 점프하다	21	turn off the tap	수도꼭지를 잠그다
8	walk a dog	개를 산책시키다	22	plant trees	나무를 심다
9	museum	박물관	23	plant seeds	씨앗을 심다
10	club	클럽, 동아리	24	cup	컵
11	game	게임	25	stair	계단
12	parade	행진	26	bicycle	자전거
13	friend	친구	27	waste water	물을 낭비하다
14	grandma	할머니	28	waste food	음식을 낭비하다

97

111

'공부 습관'이야말로 가장 큰 재능입니다.
재능많은영어연구소는 최고의 학습 효과를 내는
최적의 학습 플랜을 고민합니다.

소장 **윤미영**

경희대학교 영문학과와 같은 대학에서 석사학위를 받았습니다. 20여 년 동안
지학사, 디딤돌, 키 영어학습방법연구소, 롱테일 교육연구소에서 초등생과 중고
생을 위한 영어 교재를 기획하고 만드는 일을 해 왔습니다. 베스트셀러인《문법
이 쓰기다》,《단어가 읽기다》,《구문이 독해다》, 혼공 시리즈《혼공 초등 영단어》,
《혼공 초등 영문법》, 바빠시리즈의《바빠 초등 필수 영단어》등을 집필했습니다.

초등영어 쓰기독립 문장 쓰기 2

1판 1쇄 발행일 2025년 2월 17일

지은이 재능많은영어연구소

발행인 김학원
발행처 휴먼어린이
출판등록 제313-2006-000161호(2006년 7월 31일)
주소 (03991) 서울시 마포구 동교로23길 76(연남동)
전화 02-335-4422 **팩스** 02-334-3427
저자·독자 서비스 humanist@humanistbooks.com
홈페이지 www.humanistbooks.com
유튜브 youtube.com/user/humanistma
페이스북 facebook.com/hmcv2001 **인스타그램** @human_kids

편집주간 황서현 **편집** 이서현 김혜정 **원어민 검토** Sherwood Choe
표지 디자인 유주현 **본문 디자인** PRISM C **음원 제작** 109Sound
용지 화인페이퍼 **인쇄** 삼조인쇄 **제본** 해피문화사

ⓒ 재능많은영어연구소·윤미영, 2025

ISBN 978-89-6591-605-5 64740
ISBN 978-89-6591-589-8 64740(세트)